W0077634

ullstein

ULF WEIGELT
SABINE HOCKLING

WAS CHEFS
NICHT DÜRFEN
und was doch

Die wichtigsten Fragen
und Irrtümer rund
ums Arbeitsrecht

Ullstein

Besuchen Sie uns im Internet:
www.ullstein-taschenbuch.de

Originalausgabe im Ullstein Taschenbuch
1. Auflage Juni 2017
© Ullstein Buchverlage GmbH, Berlin 2017
Die Angaben und Ratschläge in diesem Buch sind von
den Autoren und dem Verlag sorgfältig erwogen und geprüft.
Dennoch kann eine Garantie nicht übernommen werden.
Eine Haftung der Autoren bzw. des Verlags und seiner Beauftragten
für Personen-, Sach- und Vermögensschäden ist ausgeschlossen.
Umschlaggestaltung: zero-media.net, München
Titelabbildung: © FinePic®, München
Satz: KompetenzCenter, Mönchengladbach
Gesetzt aus der Adobe Garamond
Druck und Bindearbeiten: CPI books GmbH, Leck
ISBN 978-3-548-37694-3

Inhaltsverzeichnis

2. Kapitel – Der Arbeitsplatz

3. Kapitel – Die Arbeitszeit

4. Kapitel – Der Urlaub

5. Kapitel – Das Gehalt

6. Kapitel – Die Kündigung

7. Kapitel – Der Jobwechsel & die Bewerbung

Vorwort

Tagtäglich werden in Firmen arbeitsrechtliche Entscheidungen getroffen. Mal sind sie zugunsten von Mitarbeitern, mal nicht. Manchmal geht es dabei nur um kleine Dinge, manchmal nicht. Dabei sind Arbeitgeber ihren Mitarbeitern gegenüber meist im Vorteil. Denn entweder verfügen sie selbst über umfassendes arbeitsrechtliches Wissen oder sie haben einen Rechtsbeistand an ihrer Seite, der dieses Knowhow mitbringt.

Mitarbeiter verfügen jedoch in den seltensten Fällen über dieses Fachwissen – und kommen auch nicht schnell an dieses heran. Deshalb möchten wir mit diesem Buch Arbeitnehmer darüber aufklären, was sie sich von ihren Arbeitgebern bieten lassen müssen und wogegen sie sich wehren können. Wir geben Antworten auf eine Vielzahl typischer Fragen zum Arbeitsrecht aus Arbeitnehmersicht. So beantworten wir beispielsweise die Fragen, ob privates Chatten am Arbeitsplatz wirklich verboten ist. Wie viele persönliche Daten man bei einer Bewerbung preisgeben muss. Ob Arbeitgeber das Weihnachtsgeld streichen dürfen, weil ein Mitarbeiter zu oft krank war. Oder ob Arbeitnehmer Schadenersatz erhalten, wenn ihnen der Vorgesetzte einen Klaps auf den Po gibt.

Und weil das Arbeitsrecht mit seinen komplizierten Gesetzen für Laien schwer verständlich ist, haben wir – soweit möglich – auf Fachvokabular verzichtet. Eine individuelle Rechtsberatung mag das Buch nicht ersetzen. Es vermittelt vielmehr das nötige Wissen, um auf Augenhöhe mit dem Arbeitgeber stehen zu können.

Außerdem ist Recht bekanntlich im Fluss – gerade das Arbeitsrecht ist auch ein sogenanntes Richterrecht und damit einem schnellen Wandel unterworfen. Daher kann keine Haftung übernommen werden.

Ulf Weigelt & Sabine Hockling

1. Kapitel

Der Arbeitsvertrag

Was können Arbeitgeber von Mitarbeitern verlangen?

Arbeitgeber können von ihren Mitarbeitern die Erfüllung von Arbeitspflichten verlangen. Diese stellen die Hauptleistungen des Mitarbeiters aus dem Arbeitsvertrag dar: Er tauscht die Erfüllung von Pflichten gegen eine angemessene Vergütung und die Beschäftigungspflicht während des Arbeitsverhältnisses. Nur in Ausnahmen wie einer Krankheit oder dem Mutterschutz wird dieser wechselseitige Tausch außer Kraft gesetzt.

Dabei muss der Mitarbeiter die Arbeitsleistung selbst erbringen. Er darf also keinen Vertreter schicken. Auf der anderen Seite ist der Mitarbeiter dafür auch nur gegenüber seinem Arbeitgeber zur Arbeit verpflichtet. Das heißt, für andere Arbeitgeber muss er nur tätig werden, wenn es in seinem Arbeitsvertrag eine ausdrückliche Regelung hierzu gibt. Das ist zum Beispiel bei Montagearbeitern der Fall.

Wichtig: Was die Arbeitspflicht inhaltlich konkret bedeutet, wird im Arbeitsvertrag geregelt.

Erfüllt ein Mitarbeiter seine Arbeitspflicht inhaltlich oder zeitlich nicht, verstößt er gegen seinen Arbeitsvertrag. Das trifft beispielsweise zu, wenn er nicht zur

Arbeit erscheint oder nicht die vertraglich vereinbarte Kündigungsfrist einhält. In solchen Fällen können Arbeitgeber die Gehaltszahlung einstellen, dem vertragsbrüchigen Mitarbeiter kündigen und ihn sogar auf Schadenersatz verklagen beziehungsweise die Erbringung seiner Arbeitsleistung verlangen. In den meisten Fällen erfolgt allerdings vorab eine Abmahnung.

Zur Arbeitspflicht gehört ebenfalls die Treuepflicht. Auch diese Nebenpflicht aus dem Arbeitsverhältnis ist das Ergebnis eines Tauschgeschäftes: Für die Loyalität des Mitarbeiters dem Unternehmen gegenüber übernimmt der Arbeitgeber die Fürsorge für seinen Mitarbeiter.

Dabei hängt der Umfang der Treuepflicht stark vom Einzelfall des Arbeitsverhältnisses ab. Das heißt, je höher die Stellung des Mitarbeiters im Unternehmen, desto größer seine Treuepflichten. Dazu gehören beispielsweise die Pflicht zur Verschwiegenheit, die Verweigerung von Schmiergeldern und unter gewissen Voraussetzungen sogar das Unterlassen politischer Meinungsäußerungen. Ist ein Mitarbeiter in einer bestimmten Stellung im öffentlichen Dienst oder in Verlagen tätig, könnten seine Meinungsäußerungen den Betriebsfrieden beeinträchtigen.

Auch Abwerbungsversuche können gegen die Treuepflicht verstoßen. Vorausgesetzt, sie verletzen die guten Sitten. Tragbar ist, wenn ein Kollege einen anderen überredet, zusammen ein neues Unternehmen zu gründen. Ein Verstoß gegen die guten Sitten ist dagegen, wenn Mitarbeiter Präsentationsunterlagen für die eigene Akquisition von späteren Kunden kopieren.

Wichtig: Die Treuepflicht währt nicht nur während des Arbeitsverhältnisses. Sie beginnt schon während der Anbahnungsgespräche zum Abschluss eines Arbeitsvertrages, wenn dem zukünftigen Mitarbeiter wichtige Arbeitsinformationen zugänglich gemacht werden. Und auch nach der Beendigung des Arbeitsverhältnisses kann eine Treuepflicht fortbestehen, oft sogar bis zum Ruhestand. Schwerwiegende Verstöße dagegen können sogar zum Verlust von betrieblichen Rentenansprüchen führen.

Dürfen Arbeitgeber eine Probearbeit verlangen?

Sind Arbeitgeber auf der Suche nach Personal, durchforsten sie zunächst die eingehenden Bewerbungen, um sich anschließend mit potenziellen Kandidaten zum Vorstellungsgespräch zu treffen. Stehen nach den Gesprächen drei bis vier Personen in der engeren Auswahl, kann die Probearbeit bei der finalen Entscheidung für einen Kandidaten weiterhelfen.

Denn mit der Probearbeit können beide Seiten

herauszufinden, ob man zueinander passt. Der Arbeitgeber sieht, ob der Bewerber den Aufgaben gewachsen ist. Und der Mitarbeiter kann schauen, ob das zukünftige Umfeld passt. Auf keinen Fall sollten Mitarbeiter die Probearbeit (die in der Regel zwei bis fünf Tage dauert) mit der Probezeit verwechseln! Denn die Probearbeit geht der Probezeit voraus.

Leider nutzen viele Arbeitgeber immer wieder die Probearbeit beziehungsweise den Bewerber aus. Daher sollten Bewerber nicht zu leichtfertig ihre Zusage zur Probearbeit geben, sondern schauen, ob es sich hierbei auch um ein seriöses Angebot handelt.

In der Regel findet die Probearbeit nach dem Bewerbungsprozess statt. Es gibt einen Probearbeitsvertrag, der die wichtigsten Punkte wie die Bezahlung, Dauer, Haftung usw. beinhaltet. Dabei sollten Mitarbeiter prüfen, ob der Vertrag auch alle versicherungsrechtlichen Fragen klärt. Außerdem sollten Arbeitgeber die Probetage vorbereiten und eine Nachbereitung einplanen.

Wichtig: Um eine Ausbeutung zu verhindern, muss laut § 612 Bürgerliches Gesetzbuch die Probearbeit den Umständen angemessen vergütet werden.

Das heißt, wer bei seiner Probearbeit voll eingesetzt wird – für den Betrieb also etwas erwirtschaftet – muss auch die übliche Vergütung erhalten. Wer jedoch nur »mitläuft«, um einem Mitarbeiter beispielsweise über die Schulter zu schauen – und dementsprechend nichts erwirtschaftet –, kann keine Vergütung verlangen, weil kein Arbeitserfolg vorliegt.

Dürfen Arbeitgeber Mitarbeiter einfach versetzen?

Kommt sie aus heiterem Himmel, trifft eine Versetzung Mitarbeiter meist wie ein Blitz. Dann dient sie oft dazu, den Mitarbeiter mürbe zu machen. Denn wer gibt schon gern sein schönes Heim, seine Freunde und seine Familie auf? Aber darf der Arbeitgeber seinen Mitarbeiter überhaupt einfach versetzen? Oder sollen Betroffene sich dagegen wehren?

Möchte ein Arbeitgeber einen seiner Mitarbeiter an einen anderen Standort versetzen, kann er das leider auch gegen den Willen des Mitarbeiters machen. Für diese Änderung der Arbeitsbedingungen muss er allerdings eine Änderungskündigung aussprechen – wenn der Arbeitsvertrag nicht eine Versetzungsklausel enthält.

Durch eine Änderungskündigung kündigt der Arbeitgeber das Arbeitsverhältnis innerhalb der Kündigungsfrist und bietet dem Mitarbeiter gleichzeitig ein neues Arbeitsverhältnis zu geänderten Konditionen an.

Wichtig: Eine Änderungskündigung muss schriftlich erfolgen und vom Arbeitgeber unterschrieben sein. Ein Fax oder eine E-Mail sind nicht erlaubt. Ferner muss die Kündigungsfrist eingehalten werden.

Lehnt ein Mitarbeiter eine Änderungskündigung ab, dann wird die Kündigung automatisch zur betriebsbedingten Beendigungskündigung. Das Arbeitsverhältnis endet entsprechend der Kündigungsfrist. Setzt der Mitarbeiter die Arbeit zu den geänderten Arbeitsbedingungen nach Ablauf der Kündigungsfrist fort, nimmt er damit automatisch das Änderungsangebot an.

Tipp: Ist der Mitarbeiter länger als sechs Monate im Unternehmen beschäftigt und verfügt der Betrieb über mehr als zehn vollzeitbeschäftigte Mitarbeiter, gilt das Kündigungsschutzgesetz. Der Mitarbeiter kann den neuen Arbeitsort »mit oder ohne Vorbehalt« annehmen – und die Änderungskündigung vom Arbeitsgericht überprüfen lassen.

Diesen Vorbehalt muss der Mitarbeiter dem Arbeitgeber innerhalb von drei Wochen nach Kündigungszugang schriftlich zukommen lassen. Damit signalisieren Mitarbeiter ihrem Arbeitgeber, dass sie die Kündigung anzweifeln und sich daher gerichtlich zur Wehr setzen werden.

Wichtig: *Mitarbeiter müssen beim Vorbehalt vorläufig zu den geänderten Arbeitsbedingungen weiterarbeiten.*

Gewinnt der Mitarbeiter das Gerichtsverfahren, bleibt sein Arbeitsverhältnis zu den alten Bedingungen bestehen. Verliert er, gelten für ihn die neuen Bedingungen. Eine Chance ist es aber allemal, denn den Arbeitsplatz behält der Mitarbeiter so oder so – ob nun am alten oder neuen Arbeitsort. Und das baut auch auf den Arbeitgeber Druck auf.

Müssen Mitarbeiter eine Versetzung ins Ausland akzeptieren?

Ist ein deutscher Arbeitgeber auch international tätig, braucht er im Zweifel nicht nur Mitarbeiter in Deutschland, sondern auch für seine ausländischen Niederlassungen. Doch was ist, wenn ein Arbeitgeber einen Mitarbeiter ins Ausland versetzen möchte. Muss der Arbeitnehmer dieser Anweisung folgen?

Einigen sich Arbeitgeber und Mitarbeiter über eine Versetzung ins Ausland, regeln sie das in der Regel über einen Entsendevertrag, der die Modalitäten des Auslandseinsatzes aufführt. Dazu zählen Tätigkeitsbeschreibung, Dauer der Entsendung, Vergütung, Übernahme der Reisekosten sowie die Rückkehrbedingungen.

Möchte ein Mitarbeiter nicht ins Ausland gehen, wird er es dennoch müssen – und zwar dann, wenn sein Arbeitsvertrag eine wirksam vereinbarte Klausel beinhaltet, die es dem Arbeitgeber ermöglicht, den Mitarbeiter innerhalb des Konzerns in ein anderes Unternehmen auch im Ausland zu versetzen.

Enthält der Arbeitsvertrag keine entsprechende Versetzungsklausel ins Ausland, müssen sich Mitarbeiter auch nicht fügen. Denn Arbeitgeber können nicht einfach über die Lebensumstände ihrer Beschäftigten hinweg entscheiden.

Gehören die von Mitarbeitern geschaffenen Werke dem Arbeitgeber?

Ein zweites Facebook oder eine Supersuchmaschine wie Google – gute Ideen machen den Erfinder reich und unabhängig. Umso wichtiger, dass man seine Erfindungen auch schützt. Doch was ist, wenn ein Mitarbeiter am Arbeitsplatz eine zündende Idee mit großem Potenzial hat?

Grundsätzlich schützt das Urheberrecht Werke vor unberechtigter Nachahmung und Nutzung. Schaffen Mitarbeiter während ihrer Tätigkeit Werke, die Urheberschutz genießen, stellt sich häufig die Frage, wer über das geschaffene Werk entscheiden kann.

Urheberrechtlich geschützt sind Schriften, Reden,

Musik, Fotografien und Filme, aber auch Darstellungen wissenschaftlicher oder technischer Art wie Pläne, Skizzen, Tabellen und Modelle. Selbst Computerprogramme zählen dazu. Die Voraussetzung ist: Sie weisen individuelle Eigenheiten auf, die durchschnittliche Fähigkeiten anderer Programme überragen.

Dabei unterteilen sich Urheberrechte in Urheberpersönlichkeits-, Verwertungs- und Nutzungsrechte: Urheberpersönlichkeitsrechte regeln die Benennung des Werkschöpfers bei der Veröffentlichung und Verbreitung, Verwertungsrechte regeln Vervielfältigungen und Nutzungsrechte bestimmen, wer das Werk verwenden darf.

Neben dem einfachen Nutzungsrecht – das Werk kann von mehreren verwendet werden – kann der Urheber auch ein ausschließliches Nutzungsrecht erteilen. Dann darf nur ein einziger Nutzer das Werk nutzen. Unter Umständen ist er auch allein berechtigt, das Werk zur Nutzung weiterzugeben.

Wichtig: Am Arbeitsplatz weist das Urheberrecht Besonderheiten auf. Schließlich bezahlt der Arbeitgeber den Mitarbeiter dafür, seine Leistung zu erbringen (ein Werk zu schaffen). Das hat Einfluss auf die Gestaltung der Urheberrechte.

Entsteht ein Werk während der Arbeitszeit und mit Hilfe der Arbeitsmittel des Arbeitgebers, so erlangt der Arbeitgeber meist stillschweigend ein einfaches Nutzungsrecht. Das gilt auch noch, wenn der Mitarbeiter (Urheber) den Job wechselt.

Entsteht ein Werk in der Freizeit, hat aber einen Bezug zur Arbeit – zum Beispiel durch spezielle Kenntnisse – kann das den Mitarbeiter verpflichten, seinem Arbeitgeber die Nutzungsrechte gegen eine angemessene Vergütung, die zusätzlich zum Gehalt gezahlt wird, anzubieten.

Entsteht ein Werk während der Arbeitszeit, hat der Mitarbeiter meist keinen zusätzlichen Vergütungsanspruch. Das ist in der Regel mit dem Gehalt abgegolten. Es sei denn, Art und Umfang der Nutzung des Werkes übersteigen ein übliches Maß. Das ist zum Beispiel der Fall, wenn das Unternehmen durch das Werk hohe Gewinne erzielt. Stehen die nicht im Verhältnis zum Gehalt, kann das den Arbeitgeber zur Gehaltsanpassung oder einer Sonderzahlung verpflichten. Das betrifft auch zeitlich befristete Jobs.

Wichtig: Verzichtet ein Mitarbeiter schriftlich auf die Urheberbenennung und das Recht auf Zustimmung bei Änderungen des Werkes, hat er nur noch das Recht, bei einer Entstellung seines Werkes einzugreifen. Daher sollten Mitarbeiter nicht leichtfertig verzichten!

Ab wann bin ich scheinselbständig?

Das Thema »Scheinselbständigkeit« ist nach wie vor ein Dauerbrenner, denn viele Arbeitgeber suchen nach Schlupflöchern, um die starren Kündigungsschutzregelungen sowie die Pflicht zur Zahlung von Sozialversicherungsbeiträgen umgehen zu können. Das heißt, in Wirklichkeit sind viele Freiberufler und Selbständige scheinselbständig – wissen das aber gar nicht. Wo also ist die Grenze zwischen Angestelltenstatus und Scheinselbständigkeit?

Scheinselbständig sind Personen, die für einen Auftraggeber arbeitnehmergleiche Tätigkeiten erledigen. Das heißt, wenn sie in Zeit, Ort und Umfang die gleichen Tätigkeiten ausführen wie Mitarbeiter und ebenso wie diese im Unternehmen eingegliedert sind. Dann kann laut § 7 des Sozialgesetzbuches VII eine abhängige Beschäftigung und eine persönliche Abhängigkeit vorliegen.

Wichtig: Arbeitgeber sichern sich gegen eine Scheinselbständigkeit ab, wenn sie sich von dem Selbständigen schriftlich bestätigen lassen, dass er entweder einen oder mehrere Arbeitnehmer beschäftigt, regelmäßig für andere Auftraggeber tätig ist oder unternehmerisch am Markt auftritt.

Wer also einen eigenen Arbeitsort hat, an dem er tätig ist, wann es ihm gefällt, also seine Tätigkeiten frei gestaltet, ist für den Gesetzgeber selbständig. Wer unsicher ist, kann ein sogenanntes Statusfeststellungsverfahren bei der Clearing-Stelle der Deutschen Rentenversicherung beantragen.

Dürfen Arbeitgeber Mitarbeitern ihren Firmenwagen wieder wegnehmen?

Ein Dienstwagen ist ein Privileg und daher für viele Mitarbeiter ein Statussymbol. Denn je größer und teurer der Firmenwagen, desto höher das Ansehen des Mitarbeiters. Daher nutzen viele Arbeitgeber den Dienstwagen nach wie vor als Anreiz, Bewerber für das Unternehmen zu gewinnen bzw. Mitarbeiter zu halten.

Soll ein Mitarbeiter wieder auf dieses Statussymbol verzichten müssen, ist Ärger vorprogrammiert, denn der Mitarbeiter hat durch seinen Dienstwagen nicht nur eine enorme Mobilitätsgarantie, sondern spart auch bares Geld.

Die Nutzung eines Firmenwagens beinhaltet in der Regel auch die Privatnutzung des Fahrzeugs. Möchte ein Arbeitgeber einem Mitarbeiter den Firmenwagen wegnehmen, stellt er den Mitarbeiter also vor eine Herausforderung. Der muss sich schnellstmöglich um einen Ersatz kümmern – was für ihn mit Kosten verbunden ist.

Aus arbeitsrechtlicher Sicht ist die Privatnutzung eines Firmenwagens genauso wie der monatlich gezahlte Lohn eine Leistung des Arbeitgebers, für die er vom Mitarbeiter im Gegenzug die Arbeitsleistung erhält. Daher dürfen Arbeitgeber einem Mitarbeiter nicht ohne Weiteres den Firmenwagen wegnehmen.

Wichtig: Dieser Schritt ist nur möglich, wenn im Arbeitsvertrag ein entsprechender Hinweis (eine sogenannte Widerrufsklausel) vereinbart ist. Ist das nicht der Fall, ist der Firmenwagen auch nicht einfach einzukassieren.

Und auch wenn der Arbeitsvertrag eine solche Klausel enthält, darf der Arbeitgeber hier dennoch nicht willkürlich handeln. Er muss also einen sachlichen Grund nennen können, warum der Firmenwagen plötzlich zurückgegeben werden soll. Und weil solche Gründe konkret nachgewiesen werden müssen, ist hier ein fadenscheiniger Anlass ausgeschlossen. Eine unangemessene Benachteiligung müssen Mitarbeiter sich also nicht bieten lassen.

Möchte ein Arbeitgeber die Wegnahme beispielsweise mit einer fehlenden Wirtschaftlichkeit begründen – zum Beispiel, weil der Mitarbeiter den Wagen mehr privat als beruflich nutzt –, muss er konkret vorrechnen können, wie er zu dem Ergebnis kommt. Eine einfache Behauptung reicht nicht aus.

Tipp: Muss ein Mitarbeiter seinen Firmenwagen zurückgeben, hat er meist einen Anspruch auf eine Nutzungsentschädigung in Geld.

Dürfen Arbeitgeber Mitarbeitern ihren PKW-Stellplatz wieder wegnehmen?

Leistungen wie Monatskarten für die öffentlichen Verkehrsmittel, Smartphones oder eben auch PKW-Stellplätze in Betriebsnähe auf Firmenkosten sind nicht unübliche Benefits von Arbeitgebern. Sollen die plötzlich wegfallen, sind Mitarbeiter meist »not amused« darüber.

Denn wer an seinem Arbeitsplatz beispielsweise einen Parkplatz nutzt, ist in der Regel darauf angewiesen. Umso schmerzlicher, wenn dieser von heute auf morgen gestrichen wird. Leider müssen Mitarbeiter das akzeptieren – auch nach einer langjährigen Nutzung. Das ist sogar dann der Fall, wenn der Parkplatz zwischen Arbeitgeber und Mitarbeiter schriftlich vereinbart wurde.

Meist wird aber ein sogenannter Freiwilligkeitsvorbehalt vereinbart. Nur wenn dieser fehlt, ist dem Mitarbeiter der Parkplatz nicht so einfach zu entziehen.

Tipp: *Mitarbeiter sollten Arbeitgeberleistungen grundsätzlich schriftlich vereinbaren. Und auch wenn eine schriftliche Vereinbarung mit einem Freiwilligkeitsvorbehalt versehen ist, haben Mitarbeiter so wenigstens eine gewisse Transparenz und können abschätzen, was möglich ist und was nicht.*

Müssen Außendienstmitarbeiter Firmenwagen bei längeren Erkrankungen abgeben?

Firmenwagen sind eine feine Sache. Man ist jederzeit mobil, der Wagen wird regelmäßig auf Kosten des Arbeitgebers gewartet und bei Ausfällen zeitnah instand gesetzt. Doch was ist, wenn ein Außendienstmitarbeiter sehr lange krank ist? Muss er dann seinen Dienstwagen abgeben?

Firmenfahrzeuge sind bei Außendienstmitarbeitern in erster Linie an ihre Tätigkeit geknüpft. Das heißt, der Mitarbeiter braucht das Fahrzeug, um seine Aufgaben verrichten, und nicht, um seine privaten Angelegenheiten erledigen zu können. Allerdings erlauben viele Arbeitgeber ihren Außendienstmitarbeitern zudem, den Wagen auch privat zu nutzen.

Wichtig: *Das Bundesarbeitsgericht stellte in einem Urteil fest: Die Pflicht eines Arbeitgebers, einem*

Außendienstmitarbeiter ein Fahrzeug zur Verfügung zu stellen, ist an seine Pflicht zur Entgeltzahlung gekoppelt.

Im Klartext: Muss ein Arbeitgeber aufgrund einer längeren Erkrankung das Gehalt eines Mitarbeiters nicht mehr zahlen (die gesetzliche Krankenkasse übernimmt ab der sechsten Krankheitswoche die Entgeltfortzahlung), muss er dem Mitarbeiter auch nicht mehr den Firmenwagen zur Verfügung stellen.

Wenn jedoch der Arbeitsvertrag eine Regelung enthält, die ausdrücklich besagt, dass der Mitarbeiter seinen Firmenwagen auch nach dem Entgeltfortzahlungszeitraum (also nach der Sechs-Wochen-Frist) privat nutzen kann, darf der Firmenwagen nicht entzogen werden. Ist das nicht der Fall, müssen Mitarbeiter beim Wegfall der Entgeltfortzahlungspflicht meist ihren Firmenwagen zurückgeben.

Darf der Arbeitgeber die Dienstwagenklasse herabstufen?

Während Papst Franziskus mit einem Nissan unterwegs ist, fahren die Fußballer des FC Bayern München beispielsweise alle Audi-Modelle der Luxusklasse. Die Dienstwagenklasse ist also ein Statement und der Fahrer vermittelt damit ein Image.

Ein Dienstwagen zeigt an, auf welcher Hierarchiestufe sich ein Mitarbeiter befindet. Also ist die Herabstufung des Dienstwagens durch den Arbeitgeber auch eine sichtbare Herabstufung des Mitarbeiters. Dass betroffene Arbeitnehmer darüber »not amused« sind, ist verständlich. Doch können sie dagegen etwas unternehmen?

Es kommt darauf an, was die Dienstwagen-Klausel im Arbeitsvertrag oder die Dienstwagenvereinbarung besagt. Ist dort die konkrete Fahrzeugart bzw. Fahrzeugklasse vereinbart, steht dem Mitarbeiter genau dieses Fahrzeug zu, und der Arbeitgeber kann die Dienstwagenklasse nicht einfach herabstufen. Fehlt die konkrete Bezeichnung, können Arbeitgeber den Dienstwagen nach eigenem Ermessen auswählen. Der § 315 des Bürgerlichen Gesetzbuches ermöglicht es ihnen.

Können Mitarbeiter ein Personalgespräch ablehnen?

Personalgespräche sind bei vielen Mitarbeitern nicht besonders beliebt. Dabei ist gerade so ein Gespräch für sie eine hervorragende Gelegenheit, um auf ihre Erfolge und Stärken der vergangenen Monate hinzuweisen – und so den nächsten Karriereschritt einzuläuten. Dennoch drücken sich viele Mitarbeiter davor.

Doch darf der Mitarbeiter den Gesprächswunsch seines Arbeitgebers ablehnen?

Wenn ein Chef mit einem Mitarbeiter über dessen Arbeit sprechen möchte, darf der Mitarbeiter das Gespräch nicht ablehnen. Das wäre eine Verletzung seiner arbeitsvertraglichen Pflichten. Die Folge: Der Arbeitgeber darf mindestens eine Ermahnung, wenn nicht sogar eine Abmahnung aussprechen – und im Wiederholungsfall kündigen.

Wichtig: Weil solche Gespräche während der Arbeitszeit stattfinden, können Arbeitgeber sowohl Zeit, Ort als auch Inhalt bestimmen. Mitarbeiter sind aber nicht verpflichtet, sich aktiv zu beteiligen, Stellung zu beziehen oder auf Fragen zu antworten.

Es sei denn, in dem Gespräch soll es um eine Änderung des Arbeitsvertrages gehen. Dann dürfen Mitarbeiter das Gespräch ablehnen – ohne arbeitsrechtliche Sanktionen befürchten zu müssen. Denn dann kann es auch um eine mögliche Änderungskündigung gehen. Und das müssen Mitarbeiter nicht unvorbereitet über sich ergehen lassen.

Tipp: Ist das Verhältnis zwischen Arbeitgeber und Mitarbeiter angespannt und der Chef fordert ein Personalgespräch, sollte der Mitarbeiter vorab das Gesprächsthema erfragen und unter Umständen eine

Vertrauensperson mitnehmen. Die muss allerdings vorher angekündigt werden.

Was ist bei befristeten Arbeitsverträgen zu beachten?

Arbeitgeber mögen befristete Arbeitsverträge, denn damit können sie enorm flexibel auf Auftragslagen reagieren und sich auch mit weniger Risiko und ohne Zahlung von Abfindungen von Mitarbeitern trennen. Ferner haben sie so auch die Möglichkeit, Mitarbeiter über einen längeren Zeitraum zu testen. Für Arbeitnehmer ist das keine angenehme Situation. Was sollten sie dabei beachten?

Ein befristetes Arbeitsverhältnis liegt vor, wenn es nach einer vorher vereinbarten Dauer oder beispielsweise nach einem Projektabschluss ohne Kündigung automatisch endet. Der Arbeitgeber muss dabei das Vertragsende weder begründen noch sich rechtfertigen. In der Praxis kommen allerdings häufiger zeitlich befristete Beschäftigungsverhältnisse vor als solche mit einem bestimmten Zweck oder Sachgrund.

Eine Befristung mit sachlichem Grund liegt vor, wenn ein Unternehmen einen vorübergehenden Bedarf an der Besetzung eines Arbeitsplatzes hat (zum Beispiel die Vertretung eines Arbeitnehmers in Elternzeit, Ferienjobs oder ein Projekt). Dabei besteht die Befristung so lange, wie ein Grund vorliegt beziehungsweise der Grund die Befristung rechtfertigt. Sie kann also auch zeitlich unbegrenzt sein – zumindest über die zeitlichen Grenzen der »Befristungen ohne sachlichen Grund« hinaus.

Damit das befristete Arbeitsverhältnis nicht ein unbefristetes wird, müssen Zweckbefristungen eindeutig sein. Ferner müssen Arbeitgeber zwei Wochen vor dem Arbeitsende dieses Ende schriftlich ankündigen. Bleibt das aus, sollten Mitarbeiter einfach weiterarbeiten.

Befristungen ohne sachlichen Grund sind zeitlich befristete Beschäftigungsverhältnisse und werden kalendarisch geregelt (beispielsweise nach Monaten). Die Befristung braucht also keinen Sachgrund und kann ohne Begründung für zwei Jahre vereinbart werden. Innerhalb dieser zwei Jahre darf der befristete Vertrag maximal drei Mal verlängert werden.

Das hat einen Grund: Diese Art der Befristung dient nämlich vor allem der Förderung von Beschäftigung. Daher gilt sie insbesondere für ältere Arbeitnehmer ab dem 52. Lebensjahr oder bei Neueinstellungen.

Für neu gegründete Unternehmen gelten erleichterte Befristungsmöglichkeiten. So erhöht sich in den ersten vier Jahren der Unternehmensgründung die Zeitspanne für Befristungen ohne sachlichen Grund von zwei auf vier Jahre.

***Wichtig:** Egal, ob befristete Arbeitsverhältnisse mit oder ohne Sachgrund vorliegen, sie bedürfen grundsätzlich der Schriftform. Kopien, Faxe, Mails oder ein einfacher Schriftwechsel reichen nicht aus.*

Der Arbeitgeber muss den befristeten Vertrag selbst unterzeichnen. Und auch wenn Befristungsgründe nicht zwangsläufig in den Arbeitsvertrag gehören: Der Arbeitgeber muss sie nachweisen können.

Nicht zulässig sind sogenannte Kettenbefristungen, bei denen mehrere befristete Arbeitsverträge so aneinandergereiht werden, dass einer immer wieder an den anderen anschließt. Ausnahmen sind die Verlängerung eines befristeten Arbeitsvertrages ohne sachlichen Grund innerhalb von zwei Jahren oder die Aneinanderreihung von befristeten Arbeitsverträgen mit Sachgrund – sofern wiederholt ein neuer Sachgrund vorliegt.

Wird ein Mitarbeiter nach einer Befristung weiterbeschäftigt, wird er zum unbefristet Beschäftigten. Und stellt sich ein befristetes Arbeitsverhältnis als unwirksam heraus, gilt es als auf unbestimmte Zeit abgeschlossen. Der Arbeitgeber muss dann ordentlich kündigen und den Kündigungsschutz beachten.

***Wichtig:** Möchte ein Mitarbeiter die Unwirksamkeit der Befristungen nachweisen, muss er das innerhalb von drei Wochen nach dem vereinbarten Ende des* *befristeten Arbeitsverhältnisses geltend machen, ansonsten verliert er in der Regel jeden Anspruch.*

Darf der Arbeitgeber den Teilzeitwunsch eines Mitarbeiters verbieten?

Wer sich um seine Familie kümmern möchte, die Arbeitsbelastung und den Stress nicht mehr aushalten kann oder sich einfach mehr Freizeit wünscht, kann sich für die Teilzeitarbeit entscheiden.

Teilzeit ist die Reduzierung der Arbeitszeit um tägliche Arbeitsstunden, einen Wochentag oder ein vereinbartes Monats- oder Jahreskontingent – bei anteiliger Reduzierung des Gehalts. Doch müssen Arbeitgeber dem Teilzeitwunsch ihrer Mitarbeiter nachkommen?

Der Gesetzgeber fördert diesen Trend seit 2001 mit einem Gesetz über Teilzeit und befristete Arbeitsverträge – kurz Teilzeit- und Befristungsgesetz. Es verlangt von Arbeitgebern, allen Mitarbeitern, auch solchen in leitenden Funktionen, Teilzeitbeschäftigung zu ermöglichen. Voraussetzung: Das Arbeitsverhältnis besteht seit sechs Monaten und der Arbeitgeber beschäftigt mehr als 15 fest angestellte Arbeitnehmer.

Ferner gilt für ein Teilzeitarbeitsverhältnis die Gleichbehandlungspflicht. Das heißt, alle Schutzvorschriften des Arbeitsrechts wie Mutterschutz, Betriebszugehörigkeit, Entgeltfortzahlung oder Urlaub zählen für Teilzeitmitarbeiter genauso wie für Vollzeitbeschäftigte.

Wichtig: Die Aufnahme oder der Wechsel eines Teilzeitarbeitsverhältnisses darf nicht zu Benachteiligungen durch den Arbeitgeber führen.

Wer seine Arbeitszeit reduzieren möchte, muss seinen Wunsch drei Monate vorab mündlich anmelden. Eine Entscheidung des Arbeitgebers muss spätestens einen Monat vor dem Termin schriftlich erfolgen.

Ablehnen können Arbeitgeber den Teilzeitwunsch, wenn betriebliche Gründe entgegenstehen. Allerdings macht das Teilzeit- und Befristungsgesetz keine Angaben bezüglich deren Schwere. »Normale«, also zu erwartende Belastungen des Arbeitgebers durch die reduzierten Arbeitszeiten reichen nicht als Begründung aus.

Wichtig: Mitarbeiter sollten sich die Teilzeit-Entscheidung wohl überlegen.

Denn hat sich ein Mitarbeiter für die Teilzeit entschieden, kann er eine erneute Verringerung frühestens wieder nach zwei Jahren verlangen. Und möchte er seine Arbeitszeit wieder erhöhen, muss er zwar bei der Besetzung einer Vollzeitstelle bei gleicher Eignung bevorzugt werden, dem können jedoch betriebliche Gründe entgegenstehen.

Sind Arbeitgeber zur Altersteilzeit verpflichtet?

Wer fast sein ganzes Leben lang gearbeitet hat, freut sich meist auf den wohlverdienten Ruhestand. Endlich Zeit für lange Reisen, zeitintensive Hobbys und die Familie. Nicht immer muss man dafür aber bis zum gesetzlichen Rentenalter warten. Mit der Altersteilzeit können Mitarbeiter früher in Rente gehen. Sie ermöglicht älteren Beschäftigten einen gleitenden Übergang vom Erwerbsleben in den Ruhestand.

Tipp: Es ist ratsam, sich vor dem Antrag auf Altersteilzeit auch beim Rentenversicherungsträger individuell beraten zu lassen. Denn Mitarbeiter müssen bei der Altersteilzeit generell mit Renteneinbußen rechnen.

Um die Altersteilzeit überhaupt in Erwägung ziehen zu können, müssen Beschäftige das 55. Lebensjahr vollendet haben sowie innerhalb der letzten fünf Jahre vor Beginn der Altersteilzeit mindestens 1.080 Kalendertage versicherungspflichtig beschäftigt gewesen sein. Wer diese Bedingungen erfüllt, kann das Gespräch mit seinem Arbeitgeber suchen.

Für die Altersteilzeit stehen Mitarbeitern verschiedene Wege zur Verfügung. Die häufigste Form ist dabei das Blockmodell: Der Beschäftigte arbeitet zum Beispiel bis zu drei Jahre Vollzeit bei verringerten Bezügen, um anschließend drei Jahre von der Arbeit freigestellt zu werden. Das heißt, er geht drei Jahre früher aus dem Arbeitsverhältnis heraus und dennoch wird die Zeit der Freistellung in der Rentenversicherung angerechnet.

Ganz gleich, für welches Modell ein Arbeitnehmer sich entscheidet: In jedem Fall muss der Arbeitgeber den Verdienst des Mitarbeiters um mindestens 20 Prozent aufstocken (§ 3 Altersteilzeitgesetz). Einige Tarifverträge oder Betriebsvereinbarungen sehen eine höhere Aufstockung vor.

Wichtig: Gesetzlich sind Arbeitgeber nicht verpflichtet, Altersteilzeit zu gewähren.

Anders sieht es für tarifgebundene Arbeitgeber aus. Einige Tarifverträge sehen vor, dass Mitarbeitern Altersteilzeit gewährt werden muss – sofern keine dringenden betrieblichen Gründe dem entgegenstehen. Und auch aus einer Betriebsvereinbarung, aus einem Einzelarbeitsvertrag oder aus dem allgemeinen Gleichbehandlungsgrundsatz kann ein Anspruch bestehen.

Obwohl die staatliche Förderung der Altersteilzeit

durch die Bundesagentur für Arbeit am 1. Januar 2010 weggefallen ist, kann die Altersteilzeit für viele ältere Beschäftigte attraktiv sein, sofern sich der Arbeitgeber darauf einlässt.

2. Kapitel

Der Arbeitsplatz

Wie weit dürfen die Weisungen von Arbeitgebern gehen?

Arbeitgeber schaffen und organisieren die Arbeit. Dementsprechend können sie festlegen, welche Arbeitspflicht ein Mitarbeiter ihnen schuldet. Dazu gehören insbesondere Ort, Zeit, Qualität und Art der Arbeit. Vogelfrei sind Arbeitgeber hier aber nicht. Sie müssen dabei immer auch Gesetze, Tarifverträge oder Betriebsvereinbarungen berücsichtigen.

Beschäftigte müssen aufgrund ihrer Pflichten, die sich aus ihrem Arbeitsvertrag ergeben, die Anweisungen ihrer Arbeitgeber erfüllen. Dies gilt nicht, wenn ein Arbeitgeber sittenwidrige, gesetzeswidrige oder unzumutbare Anweisungen erteilt. Denn die müssen grundsätzlich nicht von Mitarbeitern erfüllt werden.

Wichtig: Das Weisungsrecht des Arbeitgebers (auch Direktionsrecht genannt), muss alle Umstände des Einzelfalls abwägen sowie die Interessen auf Arbeitgeber- und Arbeitnehmerseite angemessen berücksichtigen.

Was kompliziert klingt, ist ganz einfach: Arbeitgeber benötigen nicht das Einverständnis ihrer Mitarbeiter, wenn sie etwas (Legales) verändern möchten. Das heißt, der einseitigen Weisung des Arbeitgebers müssen Beschäftigte Folge leisten. Ist eine Änderung der Arbeitsbedingungen nicht vom Direktionsrecht gedeckt, können Arbeitgeber die Änderung nur per Änderungskündigung unter Einhaltung der Kündigungsfrist durchsetzen. Existiert im Betrieb jedoch ein Betriebsrat, müssen Arbeitgeber diesen in vielen Belangen vorher beteiligen: Der Betriebsrat hat ein Mitbestimmungsrecht.

Darf ich mir private Pakete ins Büro liefern lassen?

Der Volksmund sagt, Arbeit ist das halbe Leben. Und so ganz unrecht hat er nicht. Abzüglich der Zeit, die man für private Aktivitäten verwendet, verbringen die Deutschen ein Drittel ihrer Zeit bei der Arbeit. Und weil deshalb wenig Zeit fürs Shoppen bleibt, bestellen viele ihre Sachen bequem von der Couch aus und lassen sich die Ware nach Hause liefern.

Zu Hause ist tagsüber in der Regel aber niemand, der dem Paketboten die Ware abnimmt. Daher ist es für viele Mitarbeiter normal, sich private Pakete ins Büro schicken zu lassen. Ist ja auch herrlich bequem: Viele Arbeitgeber verfügen über einen Empfang, der die Pakete annehmen kann.

Glück haben Mitarbeiter, wenn ihr Arbeitgeber das

toleriert. Verständlich ist aber auch, wenn Arbeitgebern in Zeiten des boomenden Online-Handels die enormen Paketmengen auf Dauer zu viel werden.

Schließlich sind dann die Mitarbeiter am Empfang oder in der Poststelle des Unternehmens mit den privaten Angelegenheiten der Kollegen beschäftigt. Daher haben Mitarbeiter kein Recht auf die Zusendung von privater Post an den Arbeitsplatz.

Ist es verboten, einen privaten Brief über die Firmenpost zu verschicken?

Wird ein Mitarbeiter aufgrund eines Bagatelldeliktes gefeuert, ist die Empörung in der Bevölkerung meist recht groß. Denn vielen fehlt das Verständnis, wenn ein Arbeitnehmer aufgrund einer Nichtigkeit seinen Job verliert. Der Arbeitgeber wird dann nicht selten als kleinkariert und herzlos beschimpft.

Das Arbeitsrecht unterscheidet allerdings nicht zwischen großen und kleinen Dingen oder teurem und billigem Kram. Vielmehr geht es hier um den Vertrauensbruch, der vorliegt, wenn ein Mitarbeiter (was auch immer) mitgehen lässt.

Und genauso verhält es sich, wenn ein Mitarbeiter »nur« einen Brief über die Firmenpost verschickt. Denn auch hier ist der Wert, um den der Arbeitgeber betrogen wird, zwar nur im Centbereich. Verboten ist es dennoch. Das heißt, wer seine private Post auf Firmenkosten verschickt, riskiert ebenfalls seine fristlose Kündigung. Auch wenn es nur ein Einzelfall ist und der Schaden aufgrund der geringen Portokosten im Centbereich für das Unternehmen eine Bagatelle darstellt.

Wichtig: Auf keinen Fall sollten Mitarbeiter davon ausgehen, dass ein niedriger Schaden eine Bagatelle darstellt und Arbeitgeber deshalb nicht fristlos kündigen dürfen.

Erschleichen Mitarbeiter sich nämlich Leistungen, müssen Arbeitgeber keinen »Warnschuss« in Form einer Abmahnung abgeben. Arbeitsgerichte unterstützen in solchen Fällen Arbeitgeber, denn jedem Mitarbeiter muss klar sein, dass Diebstahl generell verboten und eine fristlose Kündigung daher möglich ist.

Dürfen Chefs Mitarbeitern das Aufstellen privater Gegenstände am Arbeitsplatz verbieten?

Einen Großteil unseres Tages verbringen wir bei der Arbeit. Verständlich also, dass sich viele Mitarbeiter nicht nur einen optimal eingerichteten, sondern auch einen Arbeitsplatz mit persönlicher Note wünschen.

Doch ist das Aufstellen persönlicher Gegenstände am Arbeitsplatz erlaubt?

Kommt drauf an. Wer sich mit einem Foto seiner Kinder und seines Partners, einem individuellen Bildschirmschoner oder einer kleinen Pflanze eine persönliche Atmosphäre schaffen möchte, wird sicher keine Probleme mit dem Arbeitgeber und seinen Kollegen bekommen.

Wer jedoch mit zu viel Tinnef oder geschmacklosen Dingen wie Pin-up-Postern über das Ziel hinausschießt, wird schnell an Grenzen stoßen. Und auch der Ort des Arbeitsplatzes entscheidet darüber, wie eng Arbeitgeber Grenzen setzen. An Arbeitsplätzen, die von Kunden einsehbar sind oder die sich im Großraumbüro befinden, sind viele private Gegenstände meist verboten.

Tipp: Existiert im Unternehmen ein Betriebsrat, hat er ein Mitspracherecht bei der Gestaltung von Arbeitsplätzen. Dann können Arbeitgeber nicht ohne Weiteres dieses Verbot aussprechen.

Hat ein Arbeitgeber das Aufstellen bzw. Aufhängen privater Dinge nicht explizit verboten, kann er dennoch verlangen, dass diese Dinge wieder verschwinden. Sexistische Gegenstände wie Nacktbilder und Ähnliches sind diskriminierend und daher grundsätzlich am Arbeitsplatz verboten.

Wichtig: Im Einzelbüro ohne Kundenkontakt haben Mitarbeiter mehr Freiraum als im Großraumbüro mit Publikumsverkehr. Das betrifft auch das Umstellen von Möbeln. Was aber in Schubladen – also nicht sichtbar – aufbewahrt wird, sollte Arbeitgeber nicht stören.

Müssen Chefs digitale Arbeitsplätze (besonders) einrichten?

Diverse Untersuchungen zeigen, dass flexibles, mobiles und digitales Arbeiten dazu führt, dass Mitarbeiter nach Feierabend und am Wochenende noch Arbeit erledigen. Denn es war aufgrund der Technik noch nie so einfach, rund um die Uhr erreichbar und tätig zu sein.

Daher ist neben den diversen datenschutzrechtlichen Fragen eine der größten Herausforderungen digitaler Arbeitsplätze, Mitarbeiter von ihnen fernzuhalten. Daher sollten Arbeitgeber – und falls vorhanden auch Betriebsräte – dafür Sorge tragen, dass ihre Arbeitnehmer nicht rund um die Uhr arbeiten und dass der Arbeitsschutz von ihren Beschäftigten eingehalten wird. Dies gilt insbesondere für die Ruhe- und Pausenzeiten.

Und weil das Beantworten von E-Mails, das Überarbeiten von Projektplänen oder die Terminplanung der nächsten Woche mittlerweile von überall aus möglich ist, entspricht es für viele Arbeitnehmer dem Standard. Diese fehlende Trennung zwischen dem Berufs- und Privatleben kann langfristig zum Fluch werden – und zwar für beide Seiten: Mitarbeiter fallen aufgrund der ständigen Arbeitsbelastung häufiger krankheitsbedingt aus, Arbeitgeber müssen diesen Ausfall auffangen.

Tipp: Faire und transparente Regelungen treffen.

Dafür braucht es jedoch betriebliche Regeln unter Beachtung des geltenden Arbeitsschutzes. Das bedeutet, Arbeitgeber sollten die Arbeitszeiten klar definieren, damit Mitarbeiter nicht rund um die Uhr kontaktiert werden. Auch muss geklärt sein, wer für die Arbeitsmittel sorgt. Verfügen Mitarbeiter zu Hause über einen voll eingerichteten Arbeitsplatz, sollten sie nicht für das Einrichten aufkommen. Mindestens sollte der Arbeitgeber sich an den Kosten beteiligen, besser noch, gleich für alles aufkommen.

Wichtig: Klare, transparente und faire Vereinbarungen – am besten in einer Betriebsvereinbarung geregelt – vermeiden böse Überraschungen.

Digitale Arbeitsplätze haben natürlich nicht nur negative Folgen. Wer flexibel arbeiten möchte oder muss, beispielsweise weil er Kinder oder Angehörige nachmittags versorgen muss, hat so die Möglichkeit, anschließend noch weiterzuarbeiten.

Ist es erlaubt, private Besucher über die Mitarbeiter-Kantinenkarte abzurechnen?

Private Besuche am Arbeitsplatz sollten grundsätzlich eher die Ausnahme sein. Denn viele Arbeitgeber sehen es nicht gern, wenn die Familie oder Freunde im Betrieb vorbeischauen. Ein Grund ist die Arbeitssicherheit, für die Arbeitgeber generell im Betrieb zu sorgen haben – für Mitarbeiter und Besucher. Daher sollten Mitarbeiter immer bei ihrem Arbeitgeber nachfragen, ob sie Besuch im Betrieb empfangen dürfen sowie diesen – falls vorhanden – am Empfang anmelden und auch abholen.

Soll der Besuch zum Mittagessen bleiben, sollten Mitarbeiter generell vorsichtig sein. Denn in der Regel ist das Essen in Firmenkantinen vom Unternehmen subventioniert. Rechnet ein Mitarbeiter seinen privaten Besuch über seine Kantinenkarte ab, subventioniert der Arbeitgeber so auch das Besucheressen – was nicht in seinem Sinne sein wird.

Ist das Essen nicht subventioniert, sondern dient die Kantinenkarte lediglich als Zahlungsmittel, stellt das Abrechnen von privaten Besuchern arbeitsrechtlich kein Problem dar.

Müssen Arbeitgeber ihre Mitarbeiter schützen?

Der Arbeitsschutz dient dazu, den Arbeitsplatz sicher zu gestalten. Schon aus der Fürsorgepflicht des Arbeitgebers für seine Mitarbeiter erwachsen für ihn gesetzliche Verpflichtungen, die für den Arbeitsschutz bedeutsam sind.

Was konkret der Arbeitsschutz ist, hat der Gesetzgeber unter anderem im Arbeitsschutzgesetz oder in der Arbeitsstättenverordnung verankert. Daneben gibt es noch verbindliche, auf bestimmte Gefahrenquellen ausgerichtete Unfallverhütungsvorschriften, die von den gesetzlichen Unfallversicherungen – meist den Berufsgenossenschaften – festgelegt werden.

Das heißt, Arbeitgeber müssen alle notwendigen Maßnahmen zum Arbeitsschutz treffen, einschließlich der Gefahrenbeurteilung, der Gestaltung der Arbeit, der notwendigen Organisation, der Bereitstellung der Mittel sowie der Information und Schulung von Mitarbeitern und Führungskräften.

Verstößt ein Arbeitgeber gegen den Arbeitsschutz, drohen Bußgelder im Rahmen eines Ordnungswidrigkeitenverfahrens. Eventuelle Schadenersatzansprüche reduzieren sich allerdings auf Sachschäden, da für Personenschäden immer die gesetzlichen Unfallversicherungen eintreten. Einzige Ausnahme: Der Arbeitgeber verstößt vorsätzlich gegen den Arbeitsschutz.

Wichtig: Selbstverständlich muss nicht nur der Arbeitgeber die Arbeitsschutzvorschriften beachten, sondern auch seine Mitarbeiter. Wer sich nicht daranhält, kann vom Arbeitgeber – je nach Schwere und Häufigkeit des Verstoßes – abgemahnt oder gar verhaltensbedingt gekündigt werden. Das ist zum Beispiel der Fall, wenn ein Lackierer aufgrund der giftigen Dämpfe zum Tragen einer Atemschutzmaske verpflichtet ist – diese aber nicht anlegt.

Verstößt der Arbeitgeber gegen Arbeitsschutzvorschriften, können seine Mitarbeiter bei schweren, die Sicherheit beeinträchtigenden Verstößen ihre Arbeit einstellen. Das gilt auch, wenn Arbeitgeber oder Vorgesetzte Tätigkeiten verlangen, die gegen den Arbeitsschutz verstoßen.

Bei allen Fragen des Arbeitsschutzes ist der Betriebsrat zu beteiligen. Neben Informations- und Beratungsrechten hat der nämlich bei allgemeingültigen Regelungen zur Verhütung von Arbeitsunfällen und Berufskrankheiten sowie zum Gesundheitsschutz ein Mitbestimmungsrecht.

Ist Alkohol am Arbeitsplatz grundsätzlich verboten?

Verschiedene Studien belegen, dass bis zu 30 Prozent der Arbeitsunfälle am Arbeitsplatz durch Alkoholeinfluss passieren. Denn Alkohol vermindert die Aufmerksamkeit und senkt das Reaktionsvermögen.

Daher ist in vielen Unternehmen Alkohol am Arbeitsplatz grundsätzlich verboten. Die meisten Firmen haben das strikte Alkoholverbot sogar in ihren Arbeitsverträgen, Betriebsvereinbarungen oder Arbeitsanweisungen stehen. Der Grund ist simpel: So möchten Unternehmen die Sicherheit am Arbeitsplatz und die Arbeitsleistung der Mitarbeiter gewährleisten.

Und auch wenn es kein ausdrückliches Verbot im Unternehmen gibt: Mitarbeiter dürfen sich weder vor noch während der Arbeit in einen Zustand versetzen, in dem sie ihre Aufgaben nicht mehr korrekt erfüllen können. So nämlich verletzen sie ihre Arbeitspflichten, was eine Abmahnung oder gar fristlose Kündigung zur Folge haben kann.

Wichtig: Das Arbeitsrecht unterscheidet zwischen alkoholabhängigen Mitarbeitern und Arbeitnehmern, die nur ab zu über die Strenge schlagen.

So ist dem alkoholabhängigen Mitarbeiter nur personenbedingt (krankheitsbedingt) zu kündigen. Alle anderen erhalten die verhaltensbedingte Kündigung. Bei einem krankhaften Alkoholismus müssen für eine Kündigung nämlich folgende Voraussetzungen gegeben sein: Die betrieblichen Interessen müssen beeinträchtigt sein und eine negative Zukunftsprognose muss vorliegen. Ferner muss der Arbeitgeber abgewogen haben, welches Interesse er selbst an der Auflösung des Arbeitsverhältnisses hat und wie schwer dagegen das Interesse des Mitarbeiters wiegt, seinen Job zu behalten. Daher spielen bei der Kündigung auch die Dauer der Betriebszugehörigkeit, das Lebensalter des Mitarbeiters sowie Unterhaltsverpflichtungen eine Rolle.

Und letztlich wird auch die Frage wesentlich sein, ob der Süchtige schon eine Entziehungskur absolviert hat. Schlechte Karten haben demnach Mitarbeiter, die nach einer Entziehungskur wieder rückfällig wurden oder eine solche von vornherein ablehnten. Denn dann wird eine negative Zukunftsprognose unterstellt, die Arbeitgebern eine Kündigung erleichtert.

Wichtig: Wird am Arbeitsplatz bei Ereignissen wie der Fußball-WM oder Jubiläen Alkohol ausgeschenkt, kann es für Arbeitgeber kritisch werden. Wird anschließend weitergearbeitet und hat ein Mitarbeiter aufgrund seines hohen Promillepegels einen Unfall, müssen Arbeitgeber voll haften.

Müssen Arbeitgeber rassistische Sprüche im Unternehmen unterbinden?

Ob Getuschel hinter dem Rücken oder die offensichtliche Diskriminierung eines ausländischen Kollegen – Arbeitgeber sollten immer sofort handeln. Das Allgemeine Gleichbehandlungsgesetz (AGG) verpflichtet sie sogar dazu. Denn das Antidiskriminierungsgesetz, wie es im Volksmund genannt wird, soll sicherstellen, dass Menschen nicht diskriminiert werden.

Deshalb sollten Arbeitgeber bereits bei den ersten Anzeichen von ausländerfeindlichen Äußerungen im Betrieb reagieren. Denn sie riskieren in solchen Fällen den Betriebsfrieden sowie ihren wirtschaftlichen Erfolg. Und spricht sich das auch bei Kunden und Dienstleistern herum, machen die in der Regel einen Bogen um Produkte und Unternehmen.

Mitarbeiter, die sich ausländischen Kollegen gegenüber unkollegial und unfreundlich verhalten, indem sie absichtlich Informationen zurückhalten bzw. falsche streuen oder sie mit rassistischen Witzen und Sprüchen beleidigen, gehören mit aller Härte bestraft. In solchen Fällen können Unternehmen zunächst eine Ermahnung und im Wiederholungsfall eine Abmahnung aussprechen. Hilft all das nicht, kann die fristlose Kündigung folgen.

Was tun, wenn man rassistischen Sprüchen ausgesetzt ist?

Wer den rassistischen Äußerungen seiner Kollegen ausgesetzt ist, sollte unbedingt das Gespräch mit den jeweiligen Personen führen. Ist das nicht möglich oder nicht erfolgreich, ist es sinnvoll, andere Kollegen mit ins Boot zu nehmen, sie also darüber zu informieren, dass man dieser Diskriminierung ausgesetzt ist. Stoppt auch diese moralische Unterstützung nicht den oder die diskriminierenden Kollegen, sollte als Nächstes der Betriebsrat eingeschaltet werden. Der nämlich ist laut § 80 des Betriebsverfassungsgesetzes (BetrVG) dazu verpflichtet, die Integration ausländischer Mitarbeiter im Unternehmen und das Verhältnis zwischen ausländischen und deutschen Mitarbeitern zu fördern. Der Betriebsrat kann bei schwerwiegenden Fällen auch vom Arbeitgeber die Kündigung des diskriminierenden Mitarbeiters fordern.

Verfügt das Unternehmen nicht über einen Betriebsrat, sollten Betroffene ihren Arbeitgeber informieren, denn er ist nach dem Allgemeinen Gleichbehandlungsgesetz (AGG) verpflichtet, Maßnahmen einzuleiten, die die Diskriminierung stoppen.

Hilft all das nicht, bleibt Betroffenen nur der Gang zur Gewerkschaft, der lokalen Presse und/oder lokalen Organisationen, die sich die Integration auf die Fahnen geschrieben haben.

Gibt es auch hitzefrei für Mitarbeiter?

Klettern im Sommer die Temperaturen auf dem Thermometer in Richtung 30 Grad Celsius, gibt es für Schüler hitzefrei. Wie aber steht es um Mitarbeiter? Müssen Arbeitgeber auch ihnen hitzefrei geben?

Grundsätzlich müssen Arbeitgeber ihren Mitarbeitern Arbeitsplätze zur Verfügung stellen, an denen sie ohne Gefahr für ihre Gesundheit tätig sein können. Herrscht dort eine extrem hohe Hitze, müssen Unternehmen für Abhilfe sorgen. Dazu gehören zunächst einmal ausreichend Getränke sowie das regelmäßige Lüften – am besten auch zusätzlich über Nacht –, um die Räume so weit wie möglich auszukühlen.

Was der Gesetzgeber konkret vorschreibt, steht in der Arbeitsstättenverordnung sowie in der damit verbundenen Arbeitsstättenregel ASR 3.5. Gemäß § 3 der Arbeitsstättenverordnung in Verbindung mit der Arbeitsstättenregel muss in Arbeitsräumen »eine gesundheitlich zuträgliche Temperatur« herrschen. Das heißt, die Raumhöchsttemperatur darf nicht höher als 26 Grad Celsius betragen. Steigt die **Außenlufttemperatur** auf über 26 Grad Celsius an, müssen Arbeitgeber Maßnahmen ergreifen, damit die Raumtemperatur diese Temperatur nicht übersteigt.

Steigt die **Innentemperatur** in Arbeitsräumen auf über 26 Grad Celsius, darf dennoch weiter gearbeitet werden. Vorausgesetzt, Unternehmen sorgen (wie bei sogenannten Hitzearbeitsplätzen auch) für eine Abkühlung durch Schutzmaßnahmen wie beispielsweise Luftduschen.

Auch ist es sinnvoll, in solchen Hitzeperioden die Arbeitszeiten zu verkürzen: Maximal sechs Stunden bei einer Innenraumtemperatur von 27 bis 29 Grad Celsius, maximal vier Stunden bei 29 bis 31 Grad Celsius, und bei noch höheren Innenraumtemperaturen sollte nur noch im Notfall gearbeitet werden. Ferner sind stündliche Arbeitspausen sinnvoll: Je höher die Temperaturen sind, desto länger sollten diese dauern (zum Beispiel 20 Minuten bei über 30 Grad).

Tipp: Bei solchen Temperaturen kann die Arbeit im Home-Office eine geeignete Alternative sein. Mindestens aber sollten Arbeitgeber sowohl Leistungsvorgaben als auch Kleiderordnungen lockern.

Und was ist bei extrem kalten Außentemperaturen?

Bei Eiseskälte wünscht sich eigentlich jeder die gute, warme Stube. Je nach Berufsbereich müssen sich etwa Mitarbeiter der Müllabfuhr, der Straßenreinigung oder der Flughäfen auch diesen extrem kalten Witterungsverhältnissen stellen. Eine gesetzliche Vorschrift, die das Arbeiten bei extrem kalten Außentemperaturen regelt, existiert nicht. Daher ist es sinnvoll, wenn sich Arbeitgeber an die »DIN-Norm zum Klima an Arbeitsplätzen« halten.

Die sieht vor, dass Mitarbeiter bei einer Außentemperatur von bis −5 Grad Celsius maximal 150 Minuten am Stück draußen arbeiten und sich anschließend etwa zehn Minuten drinnen aufwärmen sollten. Sinkt die Temperatur unter −5 Grad Celsius, sollten Mitarbeiter maximal 90 Minuten im Freien arbeiten. Die anschließende Aufwärmphase sollte gut 15 Minuten betragen. Herrscht eine Außentemperatur von unter −18 Grad Celsius, sollten Mitarbeiter nach 90 Minuten Arbeit eine Pause von 30 Minuten einlegen.

Problematisch bei solchen Temperaturen sind die gefühlten Temperaturen. Denn Thermometerwerte können sich durch Niederschlag und Wind schnell kälter anfühlen. Bei einer Außentemperatur von beispielsweise −10 Grad Celsius und einer Windgeschwindigkeit von etwa 10 km/h fühlt sich die Außentemperatur wie −15 Grad Celsius an.

Tipp: Mitarbeiter sollten die Aufwärmzeiten mit ihren direkten Vorgesetzten abstimmen. So kommt es gar nicht erst zu Missverständnissen.

Darf mein Chef mir gefährliche Sportarten verbieten?

Stresst der Job so richtig, wünschen sich viele Mitarbeiter einen Ausgleich, bei dem sie abschalten können. Manch einer sucht diesen Ausgleich bei einer Extremsportart – nach dem Motto: höher, weiter, schneller. Doch was ist, wenn Mitarbeiter Wingsuit fliegen, Apnoetauchen oder Free Solo Klettern lieben? Können Arbeitgeber ihnen aufgrund der Unfallgefahren solche gefährlichen Sportarten verbieten?

Nein, denn das Privatleben von Arbeitnehmern ist generell vor Eingriffen des Arbeitgebers geschützt. Im Klartext: Was der Mitarbeiter in seiner Freizeit macht, geht den Arbeitgeber nichts an. Arbeitgeber müssen es also akzeptieren, wenn ein Mitarbeiter riskanten Aktivitäten nachgeht. Hier kommt jedoch ein großes Aber: Der Mitarbeiter riskiert unter Umständen im Krankheitsfall seine Entgeltfortzahlung.

Denn Arbeitgeber brauchen für die ersten sechs Wochen der Arbeitsunfähigkeit nicht den Lohn zu zahlen, wenn ein Mitarbeiter seine Arbeitsunfähigkeit selbst verschuldet hat. Laut § 3 Entgeltfortzahlungsgesetz müssen sie die ersten sechs Wochen nur zahlen, wenn die Arbeitsunfähigkeit ohne Verschulden des Mitarbeiters zustande kam. Ab der siebten Woche springt generell die gesetzliche Krankenkasse ein.

Allerdings schaut das Arbeitsrecht im Schadensfall

auch immer genau hin. Das heißt, in die Beurteilung eines Falls fließt auch immer ein, wie gut ein Mitarbeiter eine Sportart beherrscht, ob er leichtsinnig gehandelt hat, überfordert war oder schlicht von einem Unglücksfall ausgegangen werden kann.

Als Maßstab kann man festhalten: Mitarbeiter handeln schuldhaft, wenn sie in grober Weise und leichtsinnig gegen die Regeln einer Sportart verstoßen, eine besonders gefährliche Sportart ausüben oder weit über ihre Kräfte und Fähigkeiten hinaus handeln. Also immer, wenn sie ein unkontrollierbares Risiko eingehen, sich dabei aber über die Gefahren im Klaren sind.

Dürfen Arbeitgeber am Arbeitsplatz ein Kopftuchverbot aussprechen?

Die Studie »Muslimisches Leben in Deutschland« belegt, dass lediglich rund 28 Prozent der Muslima in Deutschland ein Kopftuch tragen. Dennoch stören sich viele daran, dass einige muslimische Frauen ihr Haar bedecken. Welche Regelung gilt am Arbeitsplatz? Dürfen Arbeitgeber hier das Kopftuchtragen verbieten?

In Deutschland dürfen Frauen am Arbeitsplatz ein Kopftuch tragen. Ein Verbot ist nur möglich, wenn sachliche Gründe dagegen sprechen. Dazu gehören beispielsweise die Arbeitsplatzsicherheit, ein Geschäftsschaden, wenn Kunden sich beschweren, oder dadurch der Betriebsfrieden gestört wird.

Wichtig: Arbeitgeber müssen beweisen können, welche sachlichen Gründe konkret dagegen sprechen.

Kommt es zur Auseinandersetzung zwischen Arbeitgeber und Mitarbeiter, wägen Arbeitsgerichte in der Regel zwischen der Religionsfreiheit des Mitarbeiters (die Ungleichbehandlung für Muslime) und der unternehmerischen Freiheit des Arbeitgebers (das religiöse Neutralitätsgebot am Arbeitsplatz) ab.

Können Arbeitgeber ihre Mitarbeiter zur Teilnahme am Betriebsfest zwingen?

Ob Sommerfest, Weihnachtsfeier oder Firmenjubiläum – für Betriebsfeste gibt es unterschiedliche Anlässe. Einige Unternehmen geben dafür auch richtig viel Geld aus und mieten Räumlichkeiten außerhalb des Unternehmens an – mit allem Pipapo.

Erreichen möchten Arbeitgeber damit in der Regel, dass der Zusammenhalt im Unternehmen gefördert wird. Also empfinden sie es umso bedauerlicher, wenn ein Mitarbeiter nicht an der Betriebsfeier teilnehmen möchte. Wozu ist der Mitarbeiter rechtlich verpflichtet?

Findet die Betriebsfeier während der regulären Arbeitszeit statt, müssen Mitarbeiter entweder teilnehmen oder arbeiten. Ist das Arbeiten nicht möglich, weil alle Kollegen an der Feier teilnehmen, dürfen Mitarbeiter nur nach Hause gehen, wenn der Vorgesetzte dem zustimmt. Eine rechtliche Verpflichtung zur Teilnahme am Betriebsfest gibt es aber nicht.

Tipp: Mitarbeiter sollten generell an Betriebsfeiern teilnehmen und lieber nach einer Stunde unauffällig gehen.

Haben Mitarbeiter ein Recht auf einen Betriebsausflug?

Arbeitgeber initiieren Betriebsausflüge, um ihren Mitarbeitern gemeinsame Erlebnisse außerhalb des Unternehmens zu ermöglichen und das Betriebsklima positiv zu fördern. Dabei steht das ungezwungene Miteinander im Fokus. Auch kann sich die Belegschaft so über die sonst üblichen Bürogrüppchen hinweg besser kennenlernen.

Eine gesetzliche Rechtsgrundlage dafür gibt es allerdings nicht. Es sei denn, der Arbeitgeber hat drei Mal in Folge zur gleichen Zeit einen solchen Betriebsausflug veranstaltet. Dann darf er diesen im Folgejahr nicht einfach streichen.

Der Ausflug ist nämlich zur Gewohnheit – zur sogenannten betrieblichen Übung – geworden. Und aus dieser betrieblichen Übung ist eine Verpflichtung zu weiteren zukünftigen Betriebsausflügen entstanden.

Dürfen Mitarbeiter auf Facebook über ihren Chef lästern?

Kontaktpflege, Self-Marketing, lästern und loben – soziale Netzwerke wie Facebook, Twitter oder Xing sind längst auch im beruflichen Umfeld angekommen. Allerdings ist hier Vorsicht geboten, denn negative Bemerkung über den Chef oder das leichtfertige Liken spezieller Inhalte können negativ auf Mitarbeiter zurückfallen.

Daher sollten Mitarbeiter grundsätzlich vorsichtig sein mit dem, was sie in den sozialen Medien über Arbeitgeber, Vorgesetzte und Kollegen posten. Denn auch dann, wenn negative Äußerungen auf einem privaten Account veröffentlicht werden, können sie arbeitsrechtliche Konsequenzen für den Mitarbeiter haben.

Unternehmensschädliche Aussagen – egal, wo sie erfolgen – sind immer eine arbeitsvertragliche Pflichtverletzung. Gleiches gilt für das Posten von Freizeitaktivitäten während einer Arbeitsunfähigkeit.

Tipp: Mitarbeiter sollten auf keinen Fall während der Arbeitszeit in ihren Social Media-Accounts aktiv sein. Das kann zu einer fristlosen Kündigung führen. Es sei denn, der Arbeitgeber erlaubt ausdrücklich die Nutzung auch während der Arbeitszeit.

Muss ein Mitarbeiter die Bedrohung eines Kollegen hinnehmen?

Auch am Arbeitsplatz kann es zu Auseinandersetzungen zwischen Mitarbeitern kommen. Geraten die außer Kontrolle, weil ein Mitarbeiter seine Wut nicht im Griff hat, wird es gefährlich und kann sogar den Job kosten.

Denn Bedrohungen müssen sich Mitarbeiter auf keinen Fall bieten lassen. Gibt es einen aggressiven und aufbrausenden Kollegen im Unternehmen, müssen Arbeitgeber sogar sofort eingreifen und den betroffenen Mitarbeiter schützen. Zunächst können Arbeitgeber den Mitarbeiter abmahnen. Stellt er auch daraufhin nicht seine Bedrohungen ab, ist ihm fristlos zu kündigen.

Wichtig: Die Arbeitsgerichte urteilen bezüglich Bedrohungen und Beleidigungen unterschiedlich. Während für das Landesarbeitsgericht Berlin-Brandenburg die Beleidigung (»Du blöde Kuh«) der Vorgesetzten keine fristlose Kündigung rechtfertigte, war für das Landesarbeitsgericht Frankfurt die Beschimpfung »Götzzitat« (»Leck mich am Arsch«) eine fristlose Kündigung wert.

Mindestens aber sollte der Arbeitgeber ein klärendes Gespräch mit dem entsprechenden Mitarbeiter führen. Dabei sollte er unmissverständlich zu verstehen geben, dass sein Verhalten arbeitsrechtliche Sanktionen zur Folge hat, wenn er es nicht abstellt.

***Tipp:** Schreit der Chef Mitarbeiter an, müssen die sich dieses Verhalten ebenfalls nicht gefallen lassen. In solchen Situationen sollten Arbeitnehmer Ruhe bewahren und ihren Vorgesetzten darauf hinweisen, dass dieses Verhalten inakzeptabel ist. Sich einfach umdrehen und weggehen sollten Mitarbeiter aber nicht.*

Sind Mitarbeiter verpflichtet, Dienstkleidung zu tragen?

Ob Krankenschwester, Kellner, Piloten oder Stewardessen – viele Unternehmen legen für ihren Betrieb nicht nur eine Kleiderordnung fest, sondern stellen auch Dienstkleidung zur Verfügung. Doch sind Mitarbeiter zum Tragen von Dienstkleidung verpflichtet?

Tragen in einem Unternehmen die Mitarbeiter Dienstkleidung, müssen sich alle Arbeitnehmer fügen. Weigert sich ein Mitarbeiter, haben Arbeitgeber die Möglichkeit, ihn dazu aufzufordern und – bei beharrlichem Widersetzen – zu sanktionieren.

Wer sich nämlich nicht daranhält, ignoriert eine Dienstanweisung seines Arbeitgebers – und das ist ein Verstoß gegen die arbeitsvertraglichen Pflichten. Damit die Kündigung des Arbeitgebers vor Gericht auch wirksam ist, wird der Arbeitgeber den Mitarbeiter zunächst zwei Mal abmahnen und beim dritten Mal die Kündigung aussprechen. Das ist möglich, weil das Arbeitsrecht Unternehmen die Möglichkeit von Kleidungsvorgaben einräumt.

Mitarbeiter müssen sich sogar fügen, wenn ein Arbeitgeber plötzlich durch die Dienstkleidung ein einheitliches Erscheinungsbild erreichen möchte. Der § 106 Gewerbeordnung (Weisungsrecht des Arbeitgebers) erlaubt das Arbeitgebern.

Gibt es eine Pflicht zum Tragen von Uniform-Mützen?

Uniformen wie die von Polizisten oder auch Piloten sollen ihren Trägern Autorität und Sicherheit verleihen. Ferner sollen sie Ruhe und Strenge ausstrahlen. Gehört zur Uniform eine Mütze, war es bisher so, dass die Mitarbeiter verpflichtet waren, die Mütze auch zu tragen. Ein Urteil des Bundesarbeitsgerichts (Az. 1 AZR 1083/12) räumt zumindest Piloten der Lufthansa ein, auf das Tragen ihrer Uniform-Mütze zu verzichten.

Der Fall: Ein Pilot trug weder seine Mütze, noch nahm er sie mit zur Arbeit. Als er daraufhin von einem Flug abgezogen wurde, beschwerte er sich. Denn die Lufthansa-Pilotinnen waren nicht verpflichtet, ihre Uniform-Mütze in dem von der Öffentlichkeit zugänglichen Flughafenbereich zu tragen. Für ihn ganz klar ein Fall von Diskriminierung.

Und obwohl Unternehmen das Recht haben, ihren Mitarbeitern Vorgaben bezüglich der Dienstkleidung machen zu können, verstieß die von der Lufthansa aufgestellte Regelung gegen den betriebsverfassungsrechtlichen Gleichbehandlungsgrundsatz.

Im Klartext: Die einheitliche Uniform (inklusive Mütze) dient dazu, dass das Cockpitpersonal in der Öffentlichkeit als Repräsentant der Lufthansa zu erkennen ist. Eine unterschiedliche Behandlung bezüglich der Uniform-Mütze ist daher nicht gerechtfertigt. Bei ihrem Urteil ließen die Richter des BAG jedoch offen, ob es sich hierbei um eine Benachteiligung aufgrund des Geschlechts handelte.

Bis die Lufthansa eine einheitliche Regelung bezüglich der Uniform-Mützen getroffen hat, sind erst einmal auch männliche Piloten in ihrer Entscheidung frei, ihre Uniform-Mütze zu tragen.

Müssen Mitarbeiter ihre Dienstkleidung selbst bezahlen?

Arbeitskleidung dient meist nicht nur dazu, Mitarbeiter als solche zu identifizieren, sondern sie auch bei derAusübung ihrer Tätigkeit vor Schmutz und Ähnlichem zu schützen. Wer aber muss die Dienstkleidung bezahlen?

Hier kommt es darauf an, ob die Mitarbeiter am Arbeitsplatz aufgrund von Unfallverhütungsvorschriften Schutzkleidung tragen müssen. Ist das der Fall, müssen Arbeitgeber diese ihrer Belegschaft kostenneutral zur Verfügung stellen. Dabei dürfen die Unternehmen weder einen Teil dieser Kosten auf ihre Mitarbeiter abwälzen, noch einen Unterschied zwischen Auszubildenden, Voll- oder Teilzeitbeschäftigten machen.

Wichtig: Immer wieder versuchen Arbeitgeber einen Teil dieser Kosten auf ihre Mitarbeiter abzuwälzen. Das ist aber nicht erlaubt und muss daher von Mitarbeitern auch nicht toleriert werden.

Muss die Kleidung gereinigt oder repariert werden, müssen auch diese Kosten vom Arbeitgeber übernommen werden. Wer seine Dienstkleidung aber absichtlich beschädigt, muss selbst für die Reparatur haften und die Kosten dafür tragen. Und ist das Arbeitsverhältnis beendet, muss die Kleidung selbstverständlich sauber zurückgegeben werden.

Dürfen Arbeitgeber Grippeschutzimpfungen verlangen?

Rollt die Grippewelle über Deutschland hinweg, fallen Woche für Woche immer mehr Beschäftigte krankheitsbedingt aus. Nicht verwunderlich, wenn Arbeitgeber hier mit einer Grippeschutzimpfung gegensteuern möchten. Doch dürfen sie die Grippeschutzimpfung von ihren Mitarbeitern verlangen?

Die Würde des Menschen ist unantastbar, so ein Grundrecht. Das heißt, jeder Mensch hat das Recht auf körperliche Unversehrtheit. Und das gilt auch am Arbeitsplatz. Gewährleistet wird der Arbeitsschutz im Artikel 1 und 2 des Grundgesetzes, in einzelnen Gesetzen, Rechtsverordnungen und Regeln technischer Ausschüsse sowie im Arbeitsschutzgesetz. Ferner existieren EU-Richtlinien sowie verbindliche, auf bestimmte Gefahrenquellen ausgerichtete Unfallverhütungsvorschriften, die in der Regel von den Berufsgenossenschaften erlassen werden.

Wichtig: Der Arbeitsschutz in Deutschland besteht aus einem Wust von Vorschriften, die für Laien kaum zu überblicken sind.

Arbeitgeber können also eine Grippeschutzimpfung nicht einfach anordnen. Allerdings hat das Bundesarbeitsgericht festgestellt, dass Arbeitgeber bei Grippeepidemien verpflichtet sind, ihre Beschäftigten über die entsprechenden Verhaltensregeln aufzuklären.

Tipp: Sinnvoll ist, wenn Arbeitgeber ihre Arbeitnehmer über Symptome und die entsprechenden Schutzmaßnahmen aufklären. Ausführliche Informationen bieten sowohl Gesundheitsämter als auch Krankenkassen.

Dürfen Arbeitgeber Drogentests anordnen?

Menschen konsumieren in unterschiedlichen Situationen und Mengen Drogen. Der eine konsumiert nur auf Festen, ein anderer greift jeden Abend dazu. Gerät der Konsum außer Kontrolle, wirkt sich das meist auch auf das Berufsleben aus. Nämlich dann, wenn zu Arbeitsbeginn noch Drogen im Körper sind und der Mitarbeiter nicht einsatzfähig ist.

Ist das der Fall, ordnen Arbeitgeber bei den Betroffenen einen Drogentest an, um auf Nummer sicher zu gehen. Doch dürfen Arbeitgeber Mitarbeiter überhaupt zum Drogentest schicken?

Grundsätzlich sind Drogen- wie auch Alkoholtests nur mit der Einwilligung des Mitarbeiters möglich.

Selbst dann, wenn ein offensichtlich alkoholisierter Mitarbeiter zum Dienst erscheint, darf er nicht zu einem Test gezwungen werden. Der Artikel 2 des Grundgesetzes schützt Arbeitnehmer hier. Entsprechend sind routinemäßige Tests vom Arbeitgeber tabu.

Wichtig: Medizinische Untersuchungen sowie biometrische und gentechnische Kontrollen sind ein Eingriff in die Intimsphäre und so in das Persönlichkeitsrecht der Arbeitnehmer – und daher nur unter sehr strengen Bedingungen möglich.

Arbeitgeber können und dürfen aber auch nicht einfach tatenlos zusehen, wenn ein Mitarbeiter unter Drogeneinfluss zur Arbeit kommt. Sie können den Mitarbeiter entweder abmahnen oder sogar eine Verdachtskündigung aussprechen. Das ist möglich, wenn ein Arbeitnehmer sich weigert, einen entsprechenden Test durchzuführen. Oder sie informieren die Polizei. Auch das ist ein berechtigter Schritt.

Dass Arbeitgeber dennoch routinemäßig Tests durchführen dürfen, zeigt ein Urteil des Hamburger Arbeitsgerichts (Az.: 27 Ca 136/06). Mitarbeiter, die im Hamburger Hafen und mit Großgeräten tätig sind, müssen ein strenges Suchtmittelverbot einhalten. Als ein Arbeitgeber aber den Verdacht hatte, dass einige seiner Mitarbeiter, die diese Großgeräte bedienten, unter Drogeneinfluss standen, ordnete er Urin-proben an – die seinen Verdacht bestätigten.

Grundlage für dieses Vorgehen war eine zuvor vom Arbeitgeber und Betriebsrat geschlossene Betriebs-vereinbarung, die dem Arbeitgeber solche Drogentests erlaubte. Arbeitsrichter stützen dieses Vorgehen, weil hier die Sicherheit gewichtiger ist als das Persönlich-keitsrecht des einzelnen Arbeitnehmers.

Solche Tests sind also erlaubt, wenn es eine Rechts-grundlage (zum Beispiel Betriebsvereinbarung) gibt, ein konkreter Verdacht vorliegt sowie Tätigkeiten mit einem hohen Gefahrenpotenzial ausgeführt werden (etwa Piloten, Busfahrer etc.).

Tipp: Mitarbeiter haben die Wahl, wo sie den Test durchführen lassen wollen. Wer zum Arzt seines Vertrauens gehen möchte, sollte das auch tun. Denn aufgrund der ärztlichen Schweigepflicht erhalten Arbeitgeber lediglich eine Bestätigung, ob man unein-geschränkt arbeitsfähig ist oder nicht.

Dürfen Arbeitgeber den Drogenkonsum in der Freizeit verbieten?

Eigentlich ist die Freizeit von Mitarbeitern für Arbeit-geber tabu, und nur in Ausnahmefällen dürfen Arbeit-geber in diesen geschützten Bereich eingreifen. Und zwar dann, wenn ein Mitarbeiter beispielsweise durch den Drogenkonsum in seiner arbeitsvertraglichen Tätigkeit negativ beeinflusst wird. Viele wissen nicht oder vergessen, dass ein regelmäßiger Drogenkonsum auch dazu führt, dass Drogen sich langsamer abbauen als bei Personen, die ab und zu konsumieren.

Wer also in einem Beruf tätig ist, in dem er regelmäßig ärztliche Routineuntersuchungen über sich ergehen lassen muss, muss auch damit rechnen, dass sein Drogenkonsum auffliegt. Stellt ein Arzt dann bei einem routinemäßigen Drogenscreening überhöhte Werte fest, kann der Arbeitgeber dem Mitarbeiter den Konsum verbieten oder ihm mit Kündigung drohen. Auch wenn diese Werte durch einen Konsum in der Freizeit entstanden sind.

Solch eine harte Maßnahme hat ihre Berechtigung, denn Mitarbeiter, die durch ein solches Verhalten andere Menschen im Beruf gefährden können, sind für Unternehmen nicht tragbar. Daher also, ja, Arbeitgeber können Mitarbeitern den Drogenkonsum generell verbieten.

Wer muss Bußgelder zahlen, die Mitarbeiter bei der Ausübung ihrer Tätigkeit erhalten?

Bußgelder für Geschwindigkeitsüberschreitungen oder Falschparken betreffen nicht nur Privatpersonen, sondern auch Firmen. Und zwar dann, wenn Mitarbeiter im Auftrag ihres Arbeitgebers unterwegs sind. Wer muss die Bußgelder zahlen, die auf Geschäftsreisen entstehen?

Juristisch betrachtet ist das Bußgeld eine Sanktion für eine Ordnungswidrigkeit. Es wird als Sanktion für ein milderes Vergehen ohne Strafverfahren verhängt, stellt also keine Strafe dar. Zahlen muss derjenige, der es verursacht hat. Nun kommt es aber häufig vor, dass Arbeitgeber ihre Mitarbeiter zeitlich unter Druck setzen. Um Termine dann überhaupt einhalten zu können, nehmen Mitarbeiter dafür Geschwindigkeitsüberschreitung oder Ähnliches in Kauf. In solchen Fällen ist es nur gerecht, wenn der Arbeitgeber das Bußgeld zahlt.

Eine Verpflichtung zur Kostenübernahme des Bußgeldbescheids hat der Arbeitgeber jedoch nicht. Denn Mitarbeiter müssen und sollten sich grundsätzlich im Straßenverkehr so verhalten, dass sie die dort geltenden Regeln beachten.

Wichtig: Das betrifft nicht alle Bußgelder! Ignorieren beispielsweise Kraftfahrer ihre Lenk- und Ruhezeiten, dürfen Arbeitgeber das Bußgeld dafür nicht übernehmen. Denn hierbei handelt es sich nicht nur um ein geringfügiges Vergehen, sondern um einen erheblichen Rechtsverstoß.

Dürfen Arbeitgeber ihren Mitarbeitern einen Detektiv auf den Hals hetzen?

Das Magazin *Stern* berichtete vor einigen Jahren, dass diverse deutsche Unternehmen ihren Mitarbeitern Privatdetektive auf den Hals schicken. Hauptgrund für diese Maßnahme war dem Magazin zufolge die Überwachung von krankgeschriebenen Mitarbeitern. Doch was Unternehmen tun, ist nicht zwangsläufig auch erlaubt. Dürfen Arbeitgeber also ihren Mitarbeitern von einem Detektiv beschatten lassen?

Ja, allerdings unterliegt der Einsatz von Privatdetektiven zur Überwachung von Mitarbeitern sehr strengen Voraussetzungen, da hier das allgemeine Persönlichkeitsrecht des Mitarbeiters ganz erheblich betroffen ist.

Ein heimlicher Einsatz ist nur dann möglich, wenn ein Arbeitgeber einen ganz konkreten und hinreichenden Tatverdacht gegen einen Mitarbeiter hat. Ein bloßer Verdacht reicht demnach für den Einsatz nicht aus. Auch darf der Detektiv erst tätig werden, wenn andere Überwachungsmaßnahmen bisher ergebnislos blieben.

Wichtig: Sind diese Voraussetzungen nicht erfüllt und setzt ein Arbeitgeber dennoch einen Detektiv gegen einen Mitarbeiter ein, kann der einen Schmerzensgeldanspruch gegen den Arbeitgeber geltend machen.

Sind generell Detektive beim Arbeitgeber im Einsatz (etwa bei einem Juwelier, in einem Bekleidungsgeschäft oder einem Kaufhaus), müssen Mitarbeiter das dulden. Arbeitgeber sind aber verpflichtet, ihre Belegschaft darüber zu informieren. Auch darf der Hausdetektiv dann nicht parallel zu seiner eigentlichen Aufgabe die Mitarbeiter und deren Leistungen im Job überwachen.

Wer zahlt bei Unfällen auf Dienstfahrten die Schäden am privaten Mitarbeiter-PKW?

Einmal nicht aufgepasst und schon ist ein Kratzer im Lack, der Spiegel abgefahren oder der Kotflügel verbeult. Sehr ärgerlich – egal, ob es der eigene PKW oder der Firmenwagen ist. Wer zahlt bei Schäden am privaten PKW, wenn man im Auftrag des Arbeitgebers unterwegs ist?

Unfallkosten (wie auch Fahrtkosten) zwischen Wohn- und Arbeitsort müssen grundsätzlich von Mitarbeitern selbst getragen bzw. versichert werden. Anders sieht es aus, wenn der Mitarbeiter im Auftrag des Unternehmens unterwegs ist. In diesem Fall ist die Fahrt betrieblich veranlasst – und dann muss der Chef haften und im Schadensfall auch für die Kosten geradestehen. Das ist sogar dann der Fall, wenn der Mitarbeiter auf dem Heimweg noch etwas für den

Arbeitgeber erledigt (beispielsweise die Post weg-bringt) und dabei einen Unfall hat. Sein Nachhause-weg beginnt dann nämlich erst ab der Poststelle/dem Briefkasten.

Wichtig: Findet die betrieblich veranlasste Fahrt außerhalb der Arbeitszeit statt, muss der Arbeitgeber dennoch im Schadensfall haften – nach den sogenann-ten Regeln des innerbetrieblichen Schadensausgleichs. Denn die Fahrt bzw. die Nutzung des PKWs erfolgt auf sein Verlangen.

Dabei ist der Verschuldungsgrad des Mitarbeiters aber nicht grundsätzlich egal. Handelt er leicht fahrlässig, wird ihm kein Verschulden anzulasten sein und der Arbeitgeber muss den Schaden voll zahlen. Kann man ihm allerdings eine grobe Fahrlässigkeit nachweisen, wird er den Arbeitgeber nicht zur Kasse bitten können.

Das Arbeitsrecht unterscheidet bei der Mitarbeiter-haftung nach drei Stufen: Für Missgeschicke, die als **leichte** Fahrlässigkeit einzustufen sind, haften Arbeit-nehmer nicht. Verursachen Mitarbeiter einen Schaden, weil sie nicht sorgfältig handeln, liegt eine **mittlere** Fahrlässigkeit vor. Dann kann es durchaus sein, dass sich der Mitarbeiter die Kosten des Schadens mit sei-nem Arbeitgeber teilen muss. Der Gesetzgeber schützt Mitarbeiter hier aber vor einer großen finanziellen Not und orientiert sich bei der Haftung an seiner Einkommenshöhe. Das heißt, der Mitarbeiter wird sich für die Schadensregulierung nicht hoch verschulden müssen. Handelt ein Mitarbeiter aber **grob** fahrlässig, muss er den Schaden in der Regel allein tragen.

Wer muss bei einem Unfall mit dem Dienstwagen zahlen?

Wer mit dem Dienstwagen unterwegs ist und einen Unfall baut, ist fein raus. Schließlich gehört der Wagen dem Arbeitgeber, und der muss für Inspektionen und Reparaturen aufkommen. So zumindest denken viele Mitarbeiter. Doch ist es so einfach? Müssen Arbeitgeber für alle Schäden am Firmenwagen aufkommen?

Baut der Mitarbeiter mit dem Dienstwagen einen Unfall, greift hier das sogenannte Haftungsprivileg für Arbeitnehmer. Das heißt, er haftet für durch ihn verursachte Schäden auch in diesem Fall nur bei grober Fahrlässigkeit. In solchen Fällen hätte der Unfall nicht passieren dürfen. Dazu zählen beispielsweise alkoholisiertes Fahren oder das Überfahren einer roten Ampel. Ob der Mitarbeiter aber komplett allein den Schaden zahlen muss, hängt auch von der Schadenshöhe ab. Ist der Schaden beispielsweise extrem hoch, orientiert sich die Haftungshöhe auch hier an seiner Einkommenshöhe.

Bei einer mittleren Fahrlässigkeit teilen sich Arbeitgeber und Mitarbeiter auch hier die Schadenskosten. Das ist zum Beispiel der Fall, wenn der Mitarbeiter den Unfall hätte vermeiden können. Solch ein Verhalten liegt vor, wenn er aufgrund einer überhöhten Geschwindigkeit oder eines zu geringen Sicherheitsabstandes einen Unfall verursacht. Wie hoch die Kosten dabei für den Mitarbeiter konkret sind, hängt davon ab, wie groß sein Verschulden ist.

Wichtig: Dienstwagen sind in der Regel vollkaskoversichert. Das heißt aber nicht, dass Mitarbeiter hier aus der Haftung raus sind. In der Regel müssen sie dann die Selbstbeteiligung (die zwischen 300 und 1000 Euro liegen kann) zahlen.

Eine leichte Fahrlässigkeit liegt vor, wenn der Mitarbeiter unachtsam ist und beispielsweise bei Glatteis einen Unfall baut. In so einem Fall muss der Arbeitgeber und/oder die Kfz-Versicherung den Schaden zahlen.

Wichtig: Weil ein Schadensfall grundsätzlich nicht den Mitarbeiter ruinieren soll, sind die Gesamtumstände von Schadenanlass und -folgen gegeneinander abzuwägen.

Müssen Arbeitgeber Mitarbeiter für ein Ehrenamt freistellen?

Wer sich in einem Ehrenamt engagiert, hat meist das Bedürfnis, unsere Gesellschaft mitzugestalten oder mindestens im Kleinen etwas bewirken zu wollen. Und auch der Kontakt zu verschiedenen Alters- und Bevölkerungsgruppen ist oft ein Grund, warum sich Mitarbeiter in ihrer Freizeit ehrenamtlich engagieren.

Viele Arbeitgeber wissen um die neuen und wichtigen Erfahrungen, die ein ehrenamtlich tätiger Mitarbeiter macht. Sie unterstützen ihre Arbeitnehmer bei der Ausübung des Ehrenamts oder verhindern diese wenigstens nicht. Aber was, wenn ein Mitarbeiter auch während seiner Arbeitszeit für sein Ehrenamt tätig sein möchte? Müssen Arbeitgeber ihre Mitarbeiter dann freistellen?

Ja, vorausgesetzt das Ehrenamt dient der Grundversorgung für die Allgemeinheit. Das ist zum Beispiel bei Mitarbeitern der Fall, die ehrenamtlich für die Freiwillige Feuerwehr oder das Technische Hilfswerk tätig sind. Diese Arbeitnehmer sind dann sogar nicht nur für Einsätze freizustellen, sondern auch für Lehrgänge.

Wichtig: Weil der Brandschutz Ländersache ist, werden die Rechte und Pflichten von Mitgliedern der Frei-

willigen Feuerwehr auf der landesrechtlichen Grund-
lage geregelt.

Der § 12 des Gesetzes über den Feuerschutz und die
Hilfeleistung (FSHG) Nordrhein-Westfalen besagt
beispielsweise: »Den ehrenamtlichen Angehörigen der
Feuerwehr dürfen aus dem Dienst keine Nachteile im
Arbeits- oder Dienstverhältnis erwachsen. Während
der Dauer der Teilnahme an Einsätzen, Übungen und
Lehrgängen sowie der Teilnahme an sonstigen Veranstaltungen auf Anforderung der Gemeinde entfällt
für die ehrenamtlichen Angehörigen der Feuerwehr
die Pflicht zur Arbeits- oder Dienstleistung. Die
Arbeitgeber oder Dienstherren sind verpflichtet, für
diesen Zeitraum Arbeitsentgelte oder Dienstbezüge
einschließlich aller Nebenleistungen und Zulagen
fortzuzahlen, die ohne die Ausfallzeiten üblicherweise
erzielt worden wären; den privaten Arbeitgebern werden die Beträge auf Antrag durch die Gemeinde ersetzt. Die Teilnahme an Übungen, Lehrgängen und
sonstigen Veranstaltungen auf Anforderung der Gemeinde ist den Arbeitgebern oder Dienstherren nach
Möglichkeit rechtzeitig mitzuteilen.«

Arbeitgeber müssen diese Mitarbeiter also freistel-
len. Sie können jedoch auch von ihrer Gemeinde eine
Kostenerstattung erhalten. Sie müssen dazu nur einen
Antrag stellen.

Können Arbeitgeber ihren Mitarbeitern die Einsicht in die eigene Personalakte verweigern?

Ob in Papierform oder digital – Unternehmen führen für jeden Arbeitnehmer eine Personalakte. Sie enthält alle relevanten Daten und Einträge, die sich auf den jeweiligen Mitarbeiter beziehen und für sein Arbeitsverhältnis wichtig sind. Dazu gehören unter anderem Bewerbungsunterlagen, Arbeitsverträge, Angaben zu Sozialversicherung und Krankenkasse, der allgemeine Schriftverkehr, Abmahnungen, Urlaubsanträge usw. Das ist auch wichtig, denn nur so hat ein Arbeitgeber ein richtiges Bild von seinem Mitarbeiter. Was ist, wenn ein Mitarbeiter konkret wissen möchte, was genau in seiner Personalakte enthalten ist? Dürfen Arbeitgeber ihnen diesen Wunsch verweigern?

Nein. Der Mitarbeiter selbst sowie der Arbeitgeber dürfen die gesamte Personalakte einsehen. Nur eingeschränkt dürfen Mitarbeiter der Lohnbuchhaltung und der Personalabteilung Personalakten der Kollegen einsehen. Und das auch nur, sofern es für ihre Tätigkeit erforderlich ist.

Wichtig: Jeder, der eine Personalakte einsehen darf, muss sich an die Schweigepflicht halten. Nur wenn ein Mitarbeiter seinen Arbeitgeber von der Schweige-

*pflicht entbindet, darf er Anwälte oder Betriebsrats-
mitglieder die Akte einsehen lassen bzw. Informationen
weitergeben.*

Es sei denn, es geht um den Schutz höherer Interessen,
dann müssen Arbeitgeber nicht vorab beim Mitarbeiter die Erlaubnis einholen – sie allerdings hinterher
schriftlich darüber informieren.

*Tipp: Mitarbeiter dürfen nicht nur ihre gesamte Per-
sonalakte (mit allen Nebenakten) einsehen. Sie dürfen
das auch in ihrer Arbeitszeit. Kopien davon müssen
sie allerdings auf eigene Kosten machen.*

Können Mitarbeiter ihre Elternzeit verkürzen?

Wer ein Kind bekommt, möchte in der Regel möglichst viel Zeit mit seinem Nachwuchs verbringen.
Mit Hilfe der Elternzeit lässt sich das für Eltern trotz
Job vereinbaren. Denn die Elternzeit ermöglicht Mut-
ter und Vater, in den ersten Jahren eine berufliche
Auszeit zu nehmen. Denn jedem Elternteil stehen pro
Kind bis zu drei Jahre Elternzeit zu. Was aber, wenn
man früher aus der Elternzeit zurück möchte? Ist das
möglich?

Ja, allerdings nur, wenn der Arbeitgeber damit einverstanden ist, denn nach § 16 Bundeselterngeld- und Elternzeitgesetz ist er nicht dazu verpflichtet. Der Grund ist simpel: In der Regel haben Arbeitgeber eine Elternzeitvertretung eingestellt. Und nicht immer kann ein Unternehmen eine Stelle kostenneutral mit zwei Personen besetzen.

Wichtig: Der Gesetzgeber unterstützt Mitarbeiter in Härtefällen.

Ein Härtefall liegt etwa dann vor, wenn die wirtschaftliche Existenz der Eltern durch die Elternzeit gefährdet ist (ist zum Beispiel ein Elternteil verstorben oder schwer erkrankt). Dann dürfen Arbeitgeber nur bei dringenden betrieblichen Erfordernissen innerhalb von vier Wochen schriftlich ablehnen.

Eine weitere Ausnahme ist die Schwangerschaft während der Elternzeit. In solchen Fällen können Mitarbeiterinnen ihre Elternzeit abbrechen, um die Mutterschutzfrist in Anspruch zu nehmen. Das heißt, die Elternzeit des einen Kindes geht in den Mutterschutz wegen des anderen Kindes über.

Tipp: In der Regel sind Arbeitgeber kompromissbereit. Denn ein abgelehnter Wunsch kann in eine Teilzeitbeschäftigung münden. Der Mitarbeiter kommt dann zumindest in Teilzeit in den Job zurück.

Ist die Social-Media-Nutzung während der Arbeitszeit verboten?

Sie sind aus unserem Leben kaum noch wegzudenken: Social-Media-Plattformen wie Facebook, Snapchat & Co. Arbeitgebern sind diese Aktivitäten oft ein Dorn im Auge. Einerseits können ihre Mitarbeiter so schnell Informationen über den Betrieb weitergeben. Andererseits ist die Kommunikation unter den Kollegen, mit Kunden oder – noch schlimmer – mit unternehmensfremden Personen jederzeit möglich. Ein Verbot der Social-Media-Nutzung während der Arbeitszeit wäre für Arbeitgeber daher die beste Möglichkeit. Doch ist das so einfach möglich?

Die Rechtslage ist eindeutig: Private Dinge dürfen nicht während der Arbeitszeit erledigt werden. Und dazu gehört eben auch die Nutzung von Facebook, Twitter & Co.

Wichtig: Hat der Arbeitgeber die private Internetnutzung am Arbeitsplatz ausdrücklich verboten und halten sich Mitarbeiter nicht daran, droht zunächst eine Abmahnung – und im Wiederholungsfall gar die fristlose Kündigung.

Wie groß die Sorge von Unternehmen ist, dass ihre Mitarbeiter über diese Kanäle sensible Unternehmensinformationen preisgeben können, zeigt der Fall eines bekannten deutschen Automobilherstellers. Der nämlich verbietet seinen über 10 000 Mitarbeitern ausdrücklich das Nutzen von Facebook, Xing, eBay und Google-Mail am Arbeitsplatz aus Angst vor Betriebsspionage.

Ein weiterer Grund ist der Zeitverlust: Durch die privaten Web-Aktivitäten ihrer Mitarbeiter können Unternehmen täglich bis zu 40 Minuten Arbeitszeit verloren gehen. Aufs Jahr gerechnet bedeutet das pro Mitarbeiter eine ganze Arbeitswoche.

Dürfen Arbeitgeber Mitarbeiterfotos in den sozialen Medien veröffentlichen?

Nicht nur Mitarbeiter nutzen Social-Media-Netzwerke wie Facebook, Snapchat & Co. für sich. Auch viele Arbeitgeber haben diese Plattformen inzwischen entdeckt und nutzen sie als Werbekanäle, um Fotos von der letzten Betriebsfeier oder aus der neu eingerichteten Kantine zu posten. Doch dürfen Arbeitgeber Mitarbeiterfotos in den sozialen Medien veröffentlichen?

Viele Unternehmen sind mittlerweile in den sozialen Medien vertreten. Dazu gehört auch das Veröffentlichen von Fotos von Firmenveranstaltungen und dem Arbeitsalltag. Hier gilt: Bevor ein Unternehmen Fotos mit Mitarbeitern im Internet, Intranet oder auch in

Firmenbroschüren veröffentlicht, muss er die Erlaubnis der jeweiligen Mitarbeiter einholen.

Wichtig: *Das Persönlichkeitsrecht der Mitarbeiter verpflichtet Arbeitgeber dazu, vorab ihre Zustimmung zur Veröffentlichung von Fotos einzuholen.*

Hält ein Unternehmen sich nicht daran und verletzt somit die Persönlichkeitsrechte seiner Mitarbeiter, kann großer Ärger drohen. In so einem Fall können Mitarbeiter die sofortige Löschung und eventuell sogar Schadenersatz vom Arbeitgeber fordern. Letzteres ist möglich, wenn zum Beispiel mit einem Mitarbeiter in einer Firmenbroschüre geworben wird.

Gehören geschäftliche Daten und Kontakte in privaten Social-Media-Accounts dem Chef?

In vielen Branchen ist das Twittern, Posten und Liken geschäftlicher Inhalte über die privaten Accounts von Mitarbeitern üblich – und auch von Arbeitgebern erwünscht. Doch was ist, wenn Arbeitnehmer über ihre privaten Accounts geschäftliche Kontakte und Daten generieren? Gehören diese dann dem Arbeitgeber?

Hat ein Mitarbeiter während der Arbeitszeit geschäftliche Kontakte und Daten generiert, gehören die dem Arbeitgeber. Erfolgt das allerdings über private Social-Media-Accounts, gehören die zwar ebenfalls dem Unternehmen, allerdings kann es hier zu datenschutzrechtlichen Problemen kommen.

Wichtig: Follower, die privaten Accounts folgen, haben sich hier für eine Privatperson entschieden – und eben nicht für ein Unternehmen. Daher darf die Privatperson den Follower und seine Daten und Informationen nicht einfach an seinen Arbeitgeber weiterleiten. Und das Unternehmen kann entsprechend nicht die Herausgabe verlangen.

Anders sieht es aus, wenn ein Mitarbeiter einen dienstlichen Account anlegt und betreut. Dann nämlich hat das Unternehmen die Nutzungsrechte und kann auf die Herausgabe aller Daten (inklusive der Passwörter) pochen.

Tipp: Um Auseinandersetzungen zu vermeiden, ist es sinnvoll, wenn Arbeitgeber die Social-Media-Aktivitäten von Mitarbeitern in den Arbeitsvertrag aufnehmen. Denn klare Regelungen beugen unnötigen Auseinandersetzungen vor.

Dürfen Arbeitgeber die Gesundheit ihrer Mitarbeiter tracken?

Schritte zählen, Puls kontrollieren, Kalorienverbrauch messen – wer einen Self-Tracker verwendet, möchte jede körperliche Aktivität auswerten. Dafür braucht man sogenannte Wearables – kleine tragbare technische Geräte wie ein Fitnessarmband. Das sammelt alle Informationen im Laufe des Tages und überträgt sie auf den Rechner oder das Smartphone, um sie mit Hilfe eines Self-Tracking-Programms auszuwerten.

Mit Gesundheits-Apps und sogenannten Wearables kann also jeder seine eigene Gesundheit überprüfen. Eine feine Sache, wenn man als einzige Person die Daten erhält und auswertet. Anders sieht es natürlich aus, wenn Arbeitgeber solche sensiblen Informationen über ihre Mitarbeiter erhalten.

Denn anhand des Blutzuckerwertes eines Mitarbeiters kann ein Arbeitgeber beispielsweise sehen, wann dieser Alkohol trink. Findet das in der Mittagspause statt und gilt am Arbeitsplatz ein striktes Alkoholverbot, können dem Mitarbeiter arbeitsrechtliche Konsequenzen drohen. Und auch die Pulsfrequenz sagt viel über den aktuellen Zustand eines Mitarbeiters aus. Ein Postbote mit einem extrem niedrigen Puls ruht in der Regel – statt zu Fuß oder per Rad unterwegs zu sein. Erledigt er für den Arbeitgeber seine

Arbeit generell zu langsam, liefert er so unbewusst Argumente gegen sich.

Wichtig: In diesen Fällen liegt eine datenschutzrechtliche Verarbeitung laut § 4a Bundesdatenschutzgesetz vor. Daher benötigen Unternehmen hier von Mitarbeitern ihre Zustimmung.

Plant ein Arbeitgeber den Einsatz solcher Geräte und Apps, sind Mitarbeiter nicht verpflichtet, diese zu nutzen – und sollten es auch nicht! Und wie immer gilt in Unternehmen mit Betriebsrat: Dieser hat beim Einsatz solcher Geräte und Apps ein Mitbestimmungsrecht. Das heißt, er kann den Einsatz verbieten bzw. überwachen, ob der Arbeitgeber auch das Bundesdatenschutzgesetz und betriebsverfassungsrechtliche Vorschriften einhält.

Dürfen Arbeitgeber beliebig viele Mitarbeiter in ein Büro stecken?

Wie heißt es so schön: Platz ist in der kleinsten Hütte. Am Arbeitsplatz jedoch gilt dieses Motto nicht. Denn Arbeitgeber müssen bei der Besetzung von Büros diverse Vorschriften beachten.

Demnach richtet sich der Büroflächenbedarf für Bildschirmarbeitsplätze zum Beispiel nach der Tätigkeitsart. Dabei sollte pro Arbeitsplatz eine Fläche von acht bis zehn Quadratmetern zur Verfügung stehen. Kommen noch Ablageflächen, technische Geräte, Platz für Kunden sowie für die Mitarbeiterkommunikation hinzu, müssen Arbeitgeber einen höheren Flächenbedarf einkalkulieren.

Wichtig: Im Großraumbüro sollten Arbeitgeber generell pro Mitarbeiter mehr Fläche einplanen als bei Einzel-, Zellen oder Gruppenbüros.

Und während die Höhe des Büroraumes je nach Grundfläche zwischen 2,5 bis 3,25 Meter betragen sollte, müssen die sogenannten Verkehrswege zu Schränken oder Türen mindestens 80 cm breit sein.

Allerdings hängt die Mindestbreite der Wege im Raum auch von der Anzahl der Raumnutzer ab. Danach muss der Weg bei bis zu fünf Mitarbeitern mindestens über eine Breite von 80 Zentimetern verfügen. Bei bis zu 20 Nutzern sind es mindestens 93 Zentimeter, bei bis zu 100 Nutzern mindestens 125 Zentimeter, bei bis zu 250 Nutzern mindestens 175 Zentimeter und bei bis zu 400 Nutzern mindestens 225 Zentimeter.

Und weil zu der Arbeitsplatzfläche auch Flächen für Maschinen und Arbeitstische, Schränke sowie Ablagen zählen, muss der Arbeitgeber dazwischen ebenfalls für ausreichend Bewegungsfläche sorgen. Das heißt, es muss so viel Platz vorhanden sein, dass sich die Beschäftigten ungehindert bewegen können.

Wichtig: Mitarbeiter müssen auch über ausreichend Beinfreiheit unter dem Tisch verfügen. Das gilt vor allem auch für besonders große Mitarbeiter. Denn es ist nicht zulässig, wenn sie ihre Tätigkeit nur in einer Zwangshaltung ausführen können.

Damit sich Mitarbeiter ungehindert an ihrem Arbeitsplatz bewegen können, sollte die Bewegungsfläche am Arbeitsplatz mindestens 1,5 Quadratmeter betragen. Und für ein spontanes Zurückrollen mit dem Stuhl sollte die Mindestbewegungsfläche an keiner Stelle weniger als 100 Zentimeter tief sein.

Ferner sollte die Anordnung der Arbeitsplätze so gestaltet sein, dass Beschäftigte sie nicht nur sicher erreichen, sondern auch verlassen können. Das heißt, dass sie sich bei Gefahr schnell in Sicherheit bringen können – und eben nicht durch benachbarte Arbeitsplätze, Transporte oder Einwirkungen von außen gefährdet werden.

Tipp: Stehen keine Umkleideräume zur Verfügung, müssen Arbeitgeber jedem Mitarbeiter mindestens eine Kleiderablage zur Verfügung stellen.

Dürfen Mitarbeiter ihren Hund mit ins Büro nehmen?

Hunde am Arbeitsplatz senken das Risiko, psychisch oder körperlich zu erkranken. Daraus ergeben sich greifbare Vorteile für Arbeitgeber – nämlich motiviertere Mitarbeiter, die zielführender arbeiten und einen geringeren Ausfallaufwand verursachen.

Die Anzahl der Unternehmen, die sich mit der Einführung von Hunden am Arbeitsplatz auseinandersetzen, wächst stetig. Das zeigt zum Beispiel die steigende Nachfrage nach Beratung und adäquaten Lösungen, die der Bundesverband Bürohund e. V. seit 2016 registriert. Die Interessengemeinschaft hat inzwischen rund 3000 Unterstützer und Förderer, rund ein Drittel davon Unternehmer. Sie setzt sich für die Bekämpfung psychischer und stressinduzierter Erkrankungen im Arbeitsleben ein – mithilfe der Eingliederung von Vierbeinern im Büro.

Dass Interaktionen zwischen Mensch und Hund tatsächlich dazu beitragen können, den Auslösern entsprechender Erkrankungen entgegenzuwirken, ist wissenschaftlich bewiesen. Eine empirische Studie der Virginia Commonwealth University belegt, dass das Stresslevel von Mitarbeitern bei Anwesenheit eines Hundes gegenüber Vergleichsgruppen ohne Hund im Verlauf des Arbeitstags signifikant sinkt. Schwedische Wissenschaftler fanden zudem heraus, dass bei der

Begegnung zwischen Mensch und Hund die Produktion des Hormons Oxytocin aktiviert wird, das direkt zur Senkung der Stresshormone Insulin und Cortisol beiträgt. »Die Vorteile für Arbeitnehmer liegen klar auf der Hand: Die Ausschüttung von Oxytocin, auch ›Feel-Good-Hormon‹ genannt, macht gesünder, empathischer, loyaler und zufriedener. Das Risiko, psychisch oder körperlich zu erkranken, wird reduziert. Daraus ergeben sich greifbare Vorteile für Arbeitgeber, nämlich motiviertere Mitarbeiter, die zielführender arbeiten und einen geringeren Ausfallaufwand verursachen«, sagt Markus Beyer, erster Vorsitzender des Bundesverbands Bürohund e. V.

Mit der adäquaten Zulassung von Bürohunden im Unternehmen könne die Unternehmensführung zudem zeigen, dass sie den Mitarbeiterinteressen Wertschätzung entgegenbringt. »Diese Unternehmen haben sich in der Regel von den alten verkrusteten und krankmachenden Strukturen gelöst, sind innovativ, erfolgreicher und können sich im ›War for Talents‹ einen Vorsprung verschaffen«, so Beyer weiter. So positiv all das klingt: Darf ein Mitarbeiter seinen Hund einfach mit ins Büro nehmen?

Wenn Arbeitgeber damit einverstanden sind, dürfen Mitarbeiter ihre Hunde mit zur Arbeit bringen. Ansonsten müssen Hunde draußen bleiben. Zudem darf ein Arbeitgeber eine einmal erteilte Genehmigung jederzeit wieder zurücknehmen.

Dafür muss er jedoch gute Gründe benennen können. Das kann zum Beispiel die Hundehaarallergie eines Mitarbeiters oder das plötzlich veränderte Verhalten des Tieres sein: Fängt der Hund an, Mitarbeiter und Besucher anzuknurren oder störend zu schnarchen oder gar zu furzen, darf der Arbeitgeber seine Erlaubnis zurückziehen.

Dürfen Mitarbeiter sportliche Ereignisse wie die Fußball-WM in der Firma schauen?

Steht ein Ereignis wie die Fußball-EM oder -WM an, steigt das Fußballfieber in Deutschland – und macht vor Unternehmen nicht halt. Je weiter die deutsche Nationalmannschaft dabei kommt, desto mehr Mitarbeiter wollen die Spiele sehen.

Und weil in regelmäßigen Abständen Großereignisse wie die Fußball-Europa- oder Weltmeisterschaft anstehen, sollten sich Unternehmen dazu grundsätzlich eine Haltung aneignen. Sie sollten sich überlegen, wie sie mit großen Sportereignissen umgehen. Oder dürfen Mitarbeiter die Spiele in solchen besonderen Situationen gar in der Firma schauen?

Nein, denn Mitarbeiter sollen am Arbeitsplatz ihre Leistung erbringen. Freizeitaktivitäten wie das Schauen von Fernsehsendungen oder auch das Radiohören sind also vom Grundsatz her verboten.

Bei Ereignissen wie der Fußball-Weltmeisterschaft sind viele Arbeitgeber meist aber zu Kompromissen bereit und erlauben das Schauen der Spiele der deutschen Nationalmannschaft. Wer einen kompromisslosen Arbeitgeber hat oder alle Spiele schauen möchte, sollte Urlaub nehmen oder das Spiel aufzeichnen.

Stellt der Arbeitgeber einen Fernseher zur Verfügung, hat er das Recht, dafür Bedingungen zu formulieren. Das gilt auch, wenn er dafür das Internet freigibt. Das wird er vor allem dann schriftlich festlegen, wenn er für diese Zeit das generelle private Nutzungsverbot aufhebt.

Wichtig: Trotz aller Euphorie sollten Mitarbeiter sich generell gemäßigt verhalten. Das heißt, WM-Outfits und -Bemalungen sollten nur erfolgen, wenn der Chef mitmacht oder nichts dagegen hat.

Was passiert, wenn Mitarbeiter mit gefälschten Bewerbungsunterlagen auffliegen?

Den Lebenslauf aufmotzen, Lücken verschweigen oder gar Unterlagen fälschen – um einen Job zu ergattern, greifen Bewerber manchmal tief in die Trickkiste. Denn gute Arbeits- und Abschlusszeugnisse steigern die Chancen auf dem Arbeitsmarkt.

Ein Bewerber, der darüber nicht verfügte, half hier nach und verbesserte seine Abschlussnoten im Ausbildungszeugnis. Zunächst mit Erfolg, denn er wurde nicht nur aufgrund seiner gefälschten Bewerbungsunterlagen zum Gespräch eingeladen, er erhielt auch infolge seiner Abschlussnoten die Stelle.

Langfristig allerdings keine gute Idee, denn sein Arbeitgeber kam ihm auf die Schliche. Acht Jahre nach dem Jobbeginn erfuhr der Unternehmer von der Fälschung. Die Folge: Aufgrund arglistiger Täuschung beendete er das Arbeitsverhältnis. Der Mitarbeiter allerdings sah dies nicht ein und zog vor Gericht.

Die Richter des Landesarbeitsgerichts Baden-Württemberg sahen in der Zeugnisfälschung eine vorsätzliche arglistige Täuschung, ohne die das Arbeitsverhältnis nicht zustande gekommen wäre (Az.: 5 Sa 25/06).

Ferner sahen die Richter aufgrund des Vorfalls die Vertrauensgrundlage zerstört – auch wenn die gute Arbeitsleistung für den Mitarbeiter sprach. Denn eine positive lange Zusammenarbeit wiegt einen Betrug nicht auf. Und für die Richter war gerade das Vertrauen eines Unternehmens in korrekte Bewerbungsunterlagen besonders schützenswert. Wie sonst können Arbeitgeber Bewerber gerecht vergleichen? Ebenfalls von Bedeutung: Ein Unternehmen muss seinen Ruf schützen. Und die Duldung von Zeugnisfälschungen steht dem entgegen.

Wer sich mit gefälschten Bewerbungsunterlagen

einen Arbeitsplatz ergaunert, kann also aufgrund einer solchen arglistigen Täuschung seinen Job verlieren – auch Jahre nach Beschäftigungsbeginn.

Möchte ein Arbeitgeber diesen Mitarbeiter rauswerfen, muss er den Arbeitsvertrag anfechten. Dazu muss er beweisen können, dass der Mitarbeiter gerade aufgrund der gefälschten Note oder des ausgedachten Know-hows den Job bekommen hat.

Auch können Arbeitgeber einem Mitarbeiter eine arglistige Täuschung nur vorwerfen, wenn der Mitarbeiter genau wusste, dass die Fälschung der konkreten Information zur Einstellung führt. Fehlt dieser Beweis, können Arbeitgeber den Arbeitsvertrag nicht erfolgreich anfechten. Dann bleibt nur die Kündigung aufgrund des zerrütteten Vertrauensverhältnisses.

Wichtig: Nachdem ein Arbeitgeber von dem Betrug erfahren hat, muss er den Arbeitsvertrag aufgrund der arglistigen Täuschung innerhalb eines Jahres anfechten. Möchte er fristlos kündigen, hat er dafür nur zwei Wochen ab Kenntnis Zeit.

Dürfen Chefs die Heizung im Großraumbüro drosseln?

Wird es draußen kalt, gibt es in vielen Großraumbüros jedes Jahr eine Diskussion über die Temperaturen. Der eine friert, die andere schwitzt, und manche brauchen ausreichend Sauerstoff zum Arbeiten. Dürfen Arbeitgeber einfach die Heizung drosseln oder hochstellen?

Kommt darauf an, wie warm bzw. kalt es im Großraumbüro ist. Denn Arbeitgeber dürfen hier nicht schalten und walten, wie sie wollen. Ganz im Gegenteil, der Gesetzgeber hat auch dafür eine Richtlinie erlassen, die von Unternehmen einzuhalten ist.

Die ASR A3.5 Raumtemperatur schreibt für verschiedene Arbeitsräume unterschiedliche Mindesttemperaturen vor. Die Spanne reicht dabei von 12 bis 20 Grad Celsius – je nachdem, wie körperlich schwer die Arbeiten sind, die in den Räumen ausgeführt werden. Die Faustregel lautet dabei: Je schwerer die Tätigkeit, desto kälter der Raum.

Für sitzende Tätigkeiten ohne körperlichen Einsatz (zum Beispiel Büroarbeiten) muss der Raum mindestens 20 Grad Celsius warm sein. Für leichte stehende, gehende oder mittelschwere sitzende Tätigkeiten (etwa Arbeiten an einer Werkbank) muss der Arbeitsort über mindestens 19 Grad Celsius verfügen. Bei mittelschweren stehenden oder gehenden Tätigkeiten (beispielsweise Montagearbeiten) muss der Arbeitgeber für eine Mindesttemperatur von 17 Grad Celsius sorgen. Und für schwere stehende oder gehende Tätigkeiten (etwa das Tragen und Heben von Lasten) braucht es nur 12 Grad Celsius.

Wichtig: *Für die korrekte Messung der Lufttempera-*
tur müssen Arbeitgeber ein strahlungsgeschütztes Ther-
mometer, das präzise auf +/– 0,5 Grad Celsius misst,
zur Verfügung stellen. Die Messung muss dabei stünd-
lich in einer Höhe von 0,6 Metern bei sitzenden und
1,1 Metern bei stehenden Tätigkeiten erfolgen.

Dürfen Arbeitgeber Handys am Arbeitsplatz verbieten?

Ob man unterwegs, zu Hause oder am Arbeitsplatz ist – die globale Welt erwartet eine ständige Erreichbarkeit. Soll diese Erreichbarkeit eingeschränkt werden, empfinden viele es als unzumutbaren Eingriff in ihre persönliche Freiheit.

Dabei belegen diverse Untersuchungen, dass Mitarbeiter gut ein Fünftel ihrer Arbeitszeit für private Belange nutzen. Nicht verwunderlich also, dass immer mehr Arbeitgeber die private Handynutzung während der Arbeitszeit generell verbieten – und das dürfen sie auch!

Wichtig: *Arbeitgeber dürfen sich auf klare bestehen-*
de vertragliche oder gesetzliche Rechte berufen, nicht
aber von heute auf morgen neue Verpflichtungen
schaffen.

Sind private Telefonate oder die Nutzung des Smartphones während der Arbeit nicht ausdrücklich verboten, können Mitarbeiter davon ausgehen, dass der Arbeitgeber nichts dagegen einzuwenden hat. Vorausgesetzt, die Nutzung findet in einem angemessenen Umfang statt. Für das Landesarbeitsgericht Köln (Az.: 4 Sa 1018/04) zum Beispiel sind täglich zehn Minuten angemessen.

Es gibt allerdings noch einen weiteren Aspekt, warum Arbeitgeber Mobiltelefone am Arbeitsplatz verbieten: Dieser betrifft das Thema Konkurrenz. Bei der Arbeit mit Prototypen beispielsweise befürchten Unternehmen oft, dass die Konkurrenz an Bilder und Ähnliches gelangt. Daher sind Mobiltelefone zur privaten Nutzung in solchen sensiblen Bereichen häufig generell verboten.

Wer haftet bei einem Unfall im Home-Office?

Das mobile Arbeiten und Organisieren von virtuellen Teams wird immer wichtiger und bestimmt zunehmend unseren Arbeitsalltag. Technologien wie Cloud Computing, Online-Meeting-Rooms und Videokonferenzen unterstützen dabei das mobile Arbeiten. Der Vorteil: Mitarbeiter können von überall aus tätig sein – auch vom Home-Office aus.

Doch ein Home-Office stellt sowohl Arbeitgeber als auch Mitarbeiter vor große Herausforderungen. So ist von Arbeitnehmern ein hohes Maß an Disziplin, Eigenverantwortung sowie Selbstmanagement mitzubringen. Ferner braucht es ein professionelles Arbeitsumfeld. Dazu gehören neben Büromöbeln auch das nötige Equipment wie Büro-Telefonnummer, Computer und Drucker sowie eine solide Internetverbindung. Auch sollte der Arbeitsplatz frei von Störungen sowie vorzeigbar sein, um eventuelle Besprechungen durchführen zu können.

Viele Mitarbeiter im Home-Office neigen dazu, sich in der Einsamkeit gehen zu lassen. Gewohnheiten wie Auszeiten zu klassischen Pausenzeiten oder auch das Tragen von »Bürokleidung« helfen, dem vorzubeugen. Und auch feste Auszeiten sind wichtig. Daher sollten sie ihre Mittagspausen nicht nur dazu nutzen, um sich zu erholen, sondern auch, um Kollegen zu treffen. Durch diesen Small Talk bleiben sie im regelmäßigen Kontakt. Um sich nicht durch Familie, private Telefonate oder Internetrecherchen ablenken zu lassen, sollten Arbeitszeiten (und auch Pausen) festgelegt werden. Dabei ist vor allem auch der Feierabend wichtig. Das heißt, Rechner & Co. sollten abends ausgeschaltet werden.

Wer seinen Tagesablauf mit Zielen strukturiert, setzt Prioritäten. Und damit auch Mitarbeiter im Home-Office wichtige Unternehmensinformationen erhalten, müssen sie den Kontakt zu Kollegen pflegen. Regelmäßige Telefonate und E-Mails sind daher unabdingbar. Doch wie sieht es mit der Haftung im Home-Office aus?

Sind Arbeitgeber mit der Tätigkeit im Home-Office einverstanden, sind Mitarbeiter dort genauso versichert, wie auf dem Weg vom Home-Office zum Unternehmen. In beiden Fällen fallen sie unter den Schutz der gesetzlichen Unfallversicherung.

Allerdings ist die Haftung im Home-Office nicht ganz unkompliziert. Verletzt sich der Mitarbeiter am Schreibtisch, haftet die gesetzliche Unfallversicherung. Passiert ihm allerdings etwas auf dem Weg zur Küche oder Toilette, haftet die Versicherung nicht.

Damit die Unfallgefahr so gering wie möglich ist, müssen Arbeitgeber auch im Home-Office den Arbeitsschutz einhalten: Büromöbel müssen die Anforderungen des Arbeitsschutzgesetzes erfüllen und die Bildschirmarbeitsplatzverordnung sowie die Arbeitsstättenverordnung müssen eingehalten werden. Um das gewährleisten zu können, müssen Arbeitgeber die benötigten Arbeitsmittel auch zur Verfügung stellen.

Tipp: Beschädigt ein Mitarbeiter die vom Arbeitgeber zur Verfügung gestellten Arbeitsmittel, haftet er nur, wenn er vorsätzlich oder grob fahrlässig handelt.

Dürfen Arbeitgeber ihren Mitarbeitern Nebenjobs verbieten?

Wer plant, sich einen Nebenjob zu suchen, sollte das überlegt angehen. Zum einen sollte man seine Work-Life-Balance im Auge behalten. Zum anderen müssen Mitarbeiter das Arbeitszeitgesetz berücksichtigen, denn sie dürfen die gesetzliche Arbeitszeit nicht überschreiten.

Wir alle haben gleich viel Zeit, denn der Tag hat für jeden »nur« 24 Stunden. Die wenigsten von uns jedoch verteilen bzw. nutzen ihre Zeit richtig. Dabei sorgt das richtige Zeitmanagement nicht nur für eine gute Zeiteinteilung, sondern auch für die Strukturierung der Arbeit.

Um am Ende mehr Zeit zu haben, muss man also zuerst schauen, wo die Zeit »bleibt«. Deshalb ist vor dem Nebenjob eine Bestandsaufnahme unumgänglich. Fällt das auf Anhieb schwer, sollte man eine Woche lang alle seine Aktivitäten auflisten. So erhält man realistische Werte und kann seine Zeitplanung neu ausrichten.

Wer neben seinem Vollzeitjob zusätzlich einen Nebenjob annehmen möchte, sollte seinen Arbeitsvertrag anschauen. Nicht selten enthält dieser bezüglich einer Nebentätigkeit eine entsprechende Klausel.

Grundsätzlich und generell verbieten dürfen Arbeitgeber eine Nebentätigkeit ihrer Mitarbeiter nicht. Enthält der Arbeitsvertrag eine solche generelle Verbotsklausel, ist die in den meisten Fällen rechtlich unwirksam. Es sei denn, ein Mitarbeiter ist in extrem sensiblen Arbeitsbereichen wie beispielsweise der Forschung tätig.

Enthält der Vertrag jedoch eine Klausel, die Mitarbeiter verpflichtet, ihren Arbeitgeber über einen Nebenjob zu informieren, dann müssen Mitarbeiter das auch tun, und zwar bevor sie den Nebenjob antreten.

Wichtig: Auch im Nebenjob haben Mitarbeiter dieselben Rechte und Pflichten wie ihre vollzeitbeschäftigten Kollegen. Das heißt, Minijobber dürfen aufgrund des Gleichbehandlungsgrundsatzes nicht schlechter behandelt werden als ihre vollzeitbeschäftigten Kollegen.

Es ist ratsam, sich die Genehmigung zum Nebenjob vom Hauptarbeitgeber schriftlich geben zu lassen. Eine E-Mail reicht dabei vollkommen aus.

Tipp: Mit einer schriftlichen Genehmigung sind Mitarbeiter auch bei einem Vorgesetztenwechsel auf der sicheren Seite.

Dürfen Mitarbeiter beim Kita-Streik ihr Kind mit zur Arbeit nehmen?

Streiken Erzieher und bleibt die Kita daher zu, haben die meisten berufstätigen Eltern ein großes Problem: Wohin mit dem Kind? Wer einen Arbeitgeber hat, der in solchen Notfällen das Mitbringen des Nachwuchses erlaubt, hat Glück. Viele Unternehmen erlauben dies jedoch aus versicherungstechnischen Gründen nicht.

Wer nicht zur Arbeit erscheinen kann, muss einen Tag Urlaub nehmen oder auf einen Tag Gehalt verzichten. Verspätet sich ein Mitarbeiter aufgrund des Streiks, muss er seinen Arbeitgeber sofort darüber informieren.

Wichtig: Wird ein Streik kurzfristig angekündigt, so dass Eltern nicht mehr in der Lage sind, für Ersatz zu sorgen, dürfen sie zu Hause bleiben – ohne einen Lohnausfall zu riskieren. Der § 616 des Bürgerlichen Gesetzbuches schützt hier berufstätige Eltern.

In Notsituationen dürfen Eltern zunächst ihren Nachwuchs mitbringen. Das ist der Fall, wenn der Mitarbeiter als Einziger die Filiale aufschließen kann, für die Besorgung von Wechselgeld oder Ähnlichem zuständig ist. Dann ist das Nachkommen dieser Pflicht wichtiger als die Pflicht, den Nachwuchs unterzubringen.

Leider dauern Streiks meist länger als einen Tag.

Daher sollten berufstätige Eltern frühzeitig versuchen, eine Kinderbetreuung zu organisieren. Denn liegen dringende betriebliche Gründe vor, dürfen Arbeitgeber in dieser Situation den Urlaubswunsch des Mitarbeiters ablehnen.

Ist die Kinderbetreuung nur mit zusätzlichen Kosten (etwa für einen Babysitter oder eine Tagesmutter) umzusetzen, müssen Mitarbeiter diese tragen. Wer trotz aller Bemühungen nichts findet, darf bzw. muss aufgrund seiner Aufsichtspflicht zu Hause bleiben.

Wichtig: Krank melden sollten sich berufstätige Eltern in dieser Situation nicht! Denn eine vorgetäuschte Arbeitsunfähigkeit kann eine fristlose Kündigung zur Folge haben.

Dürfen Mitarbeiter bei ihren kranken Kindern bleiben?

Wird der Nachwuchs von heute auf morgen krank, stellt das berufstätige Eltern vor eine große Herausforderung. Einerseits müssen sie im Job kurzfristig absagen. Andererseits können sie oft nicht sagen, wie lange das Kind krank bleibt, wie lange sie also ausfallen. Für Arbeitgeber ist das ebenfalls eine Herausforderung, wenn die Auftragsbücher voll sind bzw. das Team eher knapp besetzt ist.

Leider hat der Gesetzgeber für diesen Fall keine ausdrückliche Regelung getroffen. Berufstätige Eltern können sich in diesem Fall aber auf den § 616 des Bürgerlichen Gesetzbuches berufen. Der besagt, dass Mitarbeiter in bestimmten Notfällen fehlen können.

Wichtig: Für jedes Kind stehen einem Mitarbeiter bei einer persönlichen Verhinderung zehn Arbeitstage im Jahr zu – bei fortlaufendem Gehalt. Bei Alleinerziehenden sind es 20 Arbeitstage.

Arbeitgeber können diese Regelung allerdings in ihren Arbeitsverträgen ausschließen – vorausgesetzt, ein Tarifvertrag spricht nicht dagegen. Das heißt, berufstätige Eltern erhalten im Falle einer Kindererkrankung unter Umständen keine Bezahlung.

In diesen Fällen können sich berufstätige Eltern an ihre gesetzliche Krankenversicherung halten. Ist das Kind (das noch keine 12 Jahre alt ist) nämlich bei dem Elternteil mitversichert, erhält dieser den Lohnausfall von der gesetzlichen Krankenversicherung. Vorausgesetzt, es liegt ein ärztliches Attest vor und in dem Haushalt wohnt sonst niemand, der das Kind versorgen kann.

Tipp: Die gesetzliche Krankenversicherung übernimmt in der Regel 70 Prozent des beitragspflichtigen Einkommens bzw. 90 Prozent des Nettolohns.

Auf das Jahr bezogen können berufstätige Eltern für das erste kranke Kind je zehn Tage zu Hause bleiben (Alleinerziehenden stehen 20 Tage zu). Bei zwei Kindern dürfen beide Elternteile pro Jahr 20 Tage ausfallen (Alleinerziehende 40 Tage). Ab drei Kindern dürfen beide Elternteile pro Jahr 25 Tage fehlen (Alleinerziehende 50 Tage). Und bei einer lebensbedrohlichen Krankheit des Kindes gibt es sowohl eine unbefristete Freistellung sowie das Anrecht auf Krankengeld von der gesetzlichen Krankenversicherung.

Wichtig: Sind die Eltern – und somit auch das Kind – bei einer privaten Krankenversicherung versichert, springt die gesetzliche Krankenkasse natürlich nicht ein. Hier kommt es auf die konkret versicherte Leistung bei der privaten Krankenversicherung an.

Was genau wird als Mobbing bezeichnet?

Mobbing liegt vor, wenn ein Mitarbeiter gezielt diskriminiert, beleidigt, ausgegrenzt oder sonst unangemessen behandelt wird. Es ist allerdings nicht einfach, Mobbing nachzuweisen, denn Betroffene befinden sich oft in der Beweisnot. Häufig deshalb, weil Mobbingattacken meist ohne Zeugen erfolgen. Folgende Beispiele zeigen, was als Mobbing bezeichnet werden kann:

Frau Hoffmann wird von ihrer Abteilungsleiterin ständig gedemütigt. Die Aufgaben, die Frau Hoffmann erledigt, werden stets beanstandet – ohne nachvollziehbare Gründe. Dabei merkt die Abteilungsleiterin, dass die grundlose Herabwürdigung der Leistungen Frau Hoffmann nervlich belastet und zermürbt.

Herr Müller wird von seinem Chef angewiesen, den Hof zu fegen – obwohl dieser noch nie gefegt wurde. Der Chef weiß, dass diese Aufgabe für jeden ersichtlich nutzlos ist und freut sich.

Frau Teichmann wurde früher stets in die Diskussionsrunden im Team eingebunden. Sie hatte bislang immer offen und ehrlich ihre Meinung gesagt. Plötzlich erhält sie ein eigenes Zimmer, wird von dem betrieblichen Informationsfluss abgekoppelt und somit isoliert.

Herr Schmidt ist Redakteur und HIV-positiv. Er arbeitet in einem Großraumbüro. Die Geschäftsführung erfährt in einem Kündigungsschutzverfahren, das zugunsten von Herrn Schmidt entschieden wird, von seiner Erkrankung. Laut Urteil muss das Unternehmen Herrn Schmidt weiterbeschäftigen. Der Arbeitgeber stellt allerdings seinen Schreibtisch auf den Flur – bis er schriftlich durch ein ärztliches Attest nachweist, dass er nicht mehr an einer ansteckenden Krankheit leidet. Diese Handlung ist demütigend, diskriminierend und ehrverletzend.

Muss der Chef bei Mobbing eingreifen?

Arbeitet man auf engstem Raum zusammen, kann es zu Auseinandersetzungen kommen. Spitzen und kleine Neckereien untereinander stellen dabei allerdings kein großes Problem dar. Schneidet ein Team oder ein Mitarbeiter einen Kollegen gezielt, grenzt ihn aus, ignoriert, beleidigt, kritisiert ihn übermäßig, macht sich über ihn lustig oder tratscht hinter seinem Rücken über ihn, ist das Mobbing. Eine Steigerung ist dann nur noch, wenn diesem Kollegen Aufgaben erteilt werden, die entweder über oder unter seinem Leistungsniveau sind.

Solchen erniedrigenden Situationen muss sich aber niemand aussetzen! Arbeitgeber sind verpflichtet, sich schützend vor den Gemobbten zu stellen, den mobbenden Mitarbeiter auf sein Fehlverhalten hinzuweisen sowie ihn aufzufordern, diese Handlungen unverzüglich zu unterlassen.

Tipp: Wer gemobbt wird, sollte zu seinem Arbeitgeber gehen und auf seine Unterstützung pochen. Der nämlich kann den oder die mobbenden Kollegen abmahnen, versetzen oder gar kündigen.

Arbeitgeber haben gegenüber ihren Mitarbeitern eine Fürsorgepflicht. Das heißt, sie sind verpflichtet, ihre Mitarbeiter am Arbeitsplatz vor Gefahren zu schützen.

Dazu gehört auch Mobbing – der § 3 des Allgemeinen Gleichbehandlungsgesetzes (AGG) verpflichtet Arbeitgeber zudem dazu.

Wichtig: Ignorieren Unternehmen Benachteiligungen wie Mobbing, können Gemobbte im Zweifel von ihren Arbeitgebern Schadenersatz fordern.

Was tun, wenn man zu Unrecht des Mobbings beschuldigt wird?

Mobbing ist ein subjektiv recht unterschiedlich empfundenes Phänomen. Eine wechselseitige Eskalation kann daher noch nicht als Mobbing bezeichnet werden.

Auch ist nicht von Mobbing auszugehen, wenn der Arbeitgeber einen autoritären Führungsstil aufweist. Denn Mobbing ist ein systematischer Vorgang, also eine Kette von Vorfällen.

Wichtig: Wer zu Unrecht des Mobbings beschuldigt wird, sollte unbedingt seinen Vorgesetzten und – falls vorhanden – den Betriebsrat zeitnah informieren und auf die Unterstützung bei dieser Konfliktsituation drängen!

Darf der Chef die Beziehung unter Kollegen verbieten?

Fast 40 Prozent der Deutschen waren schon einmal in einen Kollegen bzw. eine Kollegin verliebt. Kein Wunder, verbringt man doch die meiste Zeit des Tages am Arbeitsplatz. Wo also kann man sich besser kennenlernen als im Job?

Nicht immer aber hält die Beziehung. Dann kann aus den Turteltäubchen schnell ein streitendes Expaar werden, was den Betriebsfrieden ordentlich stört. Können Arbeitgeber deshalb die Beziehung unter Kollegen verbieten?

Nein, das dürfen Arbeitgeber aufgrund des Persönlichkeitsrechts nicht. Kommt es aber zwischen den beiden Mitarbeitern zu einer Auseinandersetzung, die sich auch auf den Job auswirkt, dürfen Arbeitgeber sich einschalten und beide zu einem klärenden Gespräch bitten. Denn solche Probleme führen oft zu einer Verschlechterung der Arbeitsleistung, einem gestörten Betriebsfrieden etc.

Wichtig: Geht es so weit, dass das streitende Paar Arbeitsabläufe negativ beeinflusst, können Arbeitgeber sie abmahnen und ihnen im Wiederholungsfall gar kündigen.

Kann der Arbeitgeber seinen Mitarbeitern ein Sabbatical verwehren?

Fühlt sich ein Mitarbeiter ausgebrannt, kann ein Sabbatical weiterhelfen. Aber nicht jedes Unternehmen bietet diese Form der begrenzten beruflichen Auszeit an. Daher ist ein Sabbatical eine von Arbeitgebern gebilligte, zeitlich begrenzte Freistellung vom Job mit einer anschließenden Weiterbeschäftigungsgarantie und somit ein Entgegenkommen.

Meist gewähren Arbeitgeber stark arbeitszeitbelasteten Mitarbeitern eine Auszeit. Sie geben ihnen so die Chance, sich über einen längeren Zeitraum vom Arbeitsalltag zu erholen. Aber auch für eine längere Weiterbildung wird ein Sabbatical gern von Arbeitnehmern genutzt. Warum viele Arbeitgeber hier zögerlich sind, ist wenig verständlich, denn meist kommen die Mitarbeiter hoch motiviert und mit doppeltem Eifer zurück an den Arbeitsplatz.

Einen gesetzlichen Anspruch darauf haben Mitarbeiter jedoch nicht. Es sei denn, eine Betriebsvereinbarung, ein Tarif- oder Arbeitsvertrag enthält eine Klausel, die Mitarbeitern eine zeitlich begrenzte Freistellung einräumt.

Während des Sabbaticals bleibt der Arbeitsvertrag unangetastet (das Arbeitsverhältnis ruht). Das heißt, der Mitarbeiter ist zwar von der Pflicht, seine Arbeitsleistung zu erbringen, für den vereinbarten Zeitraum befreit. Die vertraglichen Nebenpflichten wie zum Beispiel die Verschwiegenheitspflicht bleiben aber bestehen.

Wichtig: Wer vermutet, dass ihm ein Sabbatical zusteht, weil bereits andere Mitarbeiter im Unternehmen diese Auszeit nehmen durften, irrt. Der Gleichbehandlungsgrundsatz greift hier nur, wenn die Mitarbeiter bzw. ihre Tätigkeiten vergleichbar sind.

Für die Umsetzung eines Sabbaticals sparen Mitarbeiter in der Regel vor der Freistellung ihre Arbeitszeit oder einen Teil ihres Lohns an, um es sich in der Freistellungsphase auszahlen zu lassen. In der Praxis kann es so aussehen, dass Mitarbeiter einige Monate auf einen Teil ihres Gehalts verzichten und es somit ansparen, um es sich anschließend in der Zeit des Sabbaticals auszahlen zu lassen. Oder sie nehmen für ihr Sabbatical generell eine unbezahlte Auszeit.

Tipp: Wer einen Teil seines Gehalts anspart, um es sich während des Sabbaticals auszahlen zu lassen, bekommt keine Probleme mit seiner Krankenversicherung. Denn so bleibt er weiterhin bei ihr versichert – und muss die Auszeit nicht anderweitig versichern.

Damit es nicht zu Missverständnissen kommt, ist es grundsätzlich ratsam, eine schriftliche Vereinbarung aufzusetzen. Die sollte den Beginn und die Dauer des Sabbaticals, die konkrete Zeit- bzw. Gehaltsanspar-phase sowie den konkreten Auszahlungszeitraum und die -höhe beinhalten.

Ferner sollte die Vereinbarung eine Kündigung während der Auszeit ausschließen, den Umgang mit einer Erkrankung während des Sabbaticals regeln, die Rückkehr an den Arbeitsplatz definieren sowie regeln, was passiert, wenn der Mitarbeiter nicht mehr an den Arbeitsplatz zurückkehrt.

Können Arbeitgeber die Pausenzeiten vorschreiben?

Wer lange arbeitet, muss auch Pausen einlegen. Dass das von Mitarbeitern auch eingehalten wird, müssen Arbeitgeber gewährleisten. Können sie aber auch be-stimmen, wann die Beschäftigten konkret ihre Pausen machen?

Ja, denn Arbeitgeber haben ein Direktionsrecht. Und das erlaubt ihnen festzulegen, wann ihre Mit-arbeiter konkret in die Arbeitspause gehen. Dabei müssen sie jedoch das Arbeitszeitgesetz einhalten so-wie mögliche Pausenregelungen berücksichtigen, die in Tarifverträgen oder Betriebsvereinbarungen stehen.

Ob und wie Arbeitspausen im Betrieb geregelt wer-den, steht in der Regel im Arbeitsvertrag oder einer

Betriebsvereinbarung. Ein Blick in den Vertrag lohnt sich, um möglichen Ärger mit dem Chef zu vermeiden.

Wichtig: Ignorieren Arbeitgeber die Pausenvorschriften des Arbeitszeitgesetzes, riskieren sie ein Bußgeld von bis zu 15 000 Euro. Denn die Angaben des Arbeitszeitgesetzes sind Mindestanforderungen, die von Arbeitgebern einzuhalten sind.

In einigen Abteilungen ist es Pflicht, dass immer ein Mitarbeiter als Ansprechpartner zur Verfügung steht. Ist das der Fall, legen Arbeitgeber meist auch in einem Pausenplan fest, wann welcher Mitarbeiter in die Arbeitspause geht. So nämlich kann er gewährleisten, dass nicht alle Mitarbeiter gleichzeitig ihre Pause nehmen.

Und weil das Arbeitszeitgesetz darauf hinweist, dass Arbeitspausen nicht dazu dienen, den Arbeitstag zu verkürzen, sondern den Break als Erholungsphase zu nutzen, ist die Pause am Anfang oder am Ende des Arbeitstages nicht erlaubt.

Dürfen Arbeitgeber Raucherpausen verbieten?

In Deutschland gilt an Arbeitsplätzen ein Rauchverbot, denn nichtrauchende Mitarbeiter haben das

Recht auf einen rauchfreien Arbeitsplatz. Und stellt ein Arbeitgeber einen Raucherraum oder eine Raucherecke zur Verfügung, muss auch diese so weit geschützt sein, dass Nichtraucher dadurch nicht beeinträchtigt werden.

Einen gesetzlichen Anspruch auf einen Raucherraum oder eine Raucherecke haben rauchende Mitarbeiter nicht. Und genauso wenig haben sie einen Anspruch auf eine Zigarettenpause. Allerdings müssen Raucherpausen außerhalb der regulären Pausen explizit vom Arbeitgeber verboten werden (bevor sanktioniert wird). Wer dann dennoch zu kurzen Rauchpausen seinen Arbeitsplatz verlässt, riskiert eine Abmahnung, im Wiederholungsfall die Kündigung sowie einen Lohnabzug.

Denn Mitarbeiter dürfen nicht beliebig oft in die Pause gehen. Sogar dann nicht, wenn es eben kein explizit ausgesprochenes Verbot für Raucherpausen gibt. Denn in dieser Zeit sind Mitarbeiter im Gegensatz zu ihren nichtrauchenden Kollegen nicht tätig. Warum also sollte der Arbeitgeber die Rauchpausen bezahlen?

Dürfen Arbeitgeber gewisse Pausenaktivitäten verbieten?

Die Konzentrationsfähigkeit von Mitarbeitern ist begrenzt. Daher raten Mediziner, etwa alle 60 bis

90 Minuten eine Pause von wenigen Minuten einzulegen. So nämlich staut sich Stress während des Arbeitstages nicht auf. Allerdings ist eine große Pause wie beispielsweise die Mittagspause genauso effektiv wie viele kleine Pausen. Vorausgesetzt, der Mitarbeiter nutzt auch seine Arbeitspause, um sich von seiner Tätigkeit zu erholen.

Damit das auch gewährleistet ist, hat der Gesetzgeber die Pausenregelungen im § 4 des Arbeitszeitgesetzes festgelegt: Bei einer Arbeitszeit von mehr als sechs und bis zu neun Stunden müssen Arbeitgeber ihren Mitarbeitern mindestens eine Pause von 30 Minuten gewähren.

Das heißt auch, dass Mitarbeiter nicht länger als sechs Stunden am Stück ohne Pause tätig sein dürfen. Wer länger als neun Stunden arbeitet, darf 45 Minuten pausieren. Die Pausenzeit muss aber nicht am Stück genommen bzw. gewährt werden. Sie kann auch in mindestens 15-Minuten-Blöcke aufgeteilt werden.

Wichtig: Alles was kürzer als 15 Minuten ist, gilt nicht als Pause und darf daher nicht ausdrücklich zur Pausenzeit gezählt werden.

Weil Mitarbeiter für die Dauer ihrer Pausen keine Vergütung erhalten – sie sind von der Arbeit freigestellt –, können Arbeitgeber ihnen auch nicht vorschreiben, wie sie ihre Pause zu gestalten haben. Sie können also den Betrieb verlassen, um essen zu gehen, Besorgungen zu erledigen oder sich sportlich betätigen.

Arbeits- oder Tarifverträge können allerdings räumliche Einschränkungen bezüglich der Pausen beinhalten. Das ist zum Beispiel dann der Fall, wenn der Arbeitsort ein Hochsicherheitslabor oder Ähnliches ist. In diesen Fällen verbieten Arbeitgeber ihren Mitarbeitern meist, dass Betriebsgelände während der Pause zu verlassen.

Darf der Chef Computerspiele in der Pause verbieten?

Die Wirkung von Computerspielen ist umstritten – nicht nur bei Kindern und Jugendlichen. Allerdings können nicht alle Spiele verteufelt werden. Einige schärfen die Sinne und verbessern die Reflexe.

So oder so, nicht jeder Arbeitgeber ist begeistert, wenn seine Mitarbeiter ihre Erholungspausen für Computerspiele nutzen. Einerseits sollen Mitarbeiter ihre Arbeitspausen zur Erholung nutzen. Andererseits muss der Datenschutz auf Firmengeräten wie Rechnern oder Mobiltelefonen eingehalten werden.

Bei Spielen wie Pokémon Go zum Beispiel, die Mitarbeiter spielend über Werksgelände und durch

Gebäude führen, ist zudem das Unfallrisiko hoch. Einige Konzerne verbieten ihren Mitarbeitern deshalb solche Spiele auf ihrem Firmengelände und auch auf ihren Firmengeräten. Ein generelles Verbot, das auch das private Handy beinhaltet, ist aber nicht möglich.

Wichtig: Sofern vorhanden, muss ein Betriebsrat das Spiel-Verbot ebenfalls mitbestimmen.

Dürfen Mitarbeiter ihr Personalgespräch heimlich aufnehmen?

Viele Mitarbeiter verfügen über ein Mobiltelefon mit Aufnahmefunktion. Da ist die Versuchung groß, wichtige Gespräche einfach mitzuschneiden. Rechtlich erlaubt ist das allerdings nicht! Ganz im Gegenteil, der, der ein Gespräch heimlich aufzeichnet, verletzt das Persönlichkeitsrecht des Aufgenommenen.

Daher sollten Mitarbeiter auf gar keinen Fall Personalgespräche heimlich aufzeichnen. Denn aufgrund der Verletzung des Persönlichkeitsrechts der Gesprächsteilnehmer kann die fristlose Kündigung drohen.

Arbeitsgerichte sehen bei Verletzungen des allgemeinen Persönlichkeitsrechts oft das Vertrauensverhältnis zwischen beiden Parteien als derart zerstört an, dass eine fristlose Kündigung – ohne vorherige Abmahnung – möglich ist.

Wichtig: Gerichte bewerten eine solche Pflichtverletzung unterschiedlich. Daher muss immer der konkrete Einzelfall betrachtet werden. Für einige Arbeitsgerichte ist daher »nur« eine verhaltensbedingt ordentliche Kündigung oder eine Abmahnung unter Abwägung aller Umstände möglich.

Wer den Verlauf seines Personalgespräches festhalten möchte, kann ein Gesprächsprotokoll erstellen, das am Ende von allen Gesprächsteilnehmern bestätigt wird. Oder er nimmt ein Betriebsratsmitglied oder eine Person des Vertrauens mit in das Personalgespräch.

Müssen Mitarbeiter sinnlose Tätigkeiten erledigen?

Viele Menschen definieren sich fast ausschließlich über ihre Arbeit. Sie schöpfen ihr Selbstwertgefühl aus ihrem Engagement und ihrem Erfolg im Beruf. Wenn es aber nichts zum Schöpfen gibt, weil die Betroffenen dazu verdammt sind, untätig zu sein, und in ihrem Job keine Erfüllung finden, bedeutet das eine enorme Belastung, da dann auch in aller Regel die Wertschätzung ausbleibt.

Wer unausgelastet ist und einen Teil seiner Arbeitszeit mit Pseudo-Aufgaben füllen muss, verbindet mit seinem Job nur noch Langeweile und Desinteresse. Und dieser Zustand sorgt langfristig für die gleichen Symptome wie bei einem Burnout: Müdigkeit, Antriebslosigkeit, depressive Verstimmungen. Nur eben nicht wegen Über-, sondern Unterforderung.

Daher sollten Arbeitgeber ihren Mitarbeitern grundsätzlich nicht sinnlose Aufgaben erteilen – und sie dürfen es auch nicht. Erhält ein Arbeitnehmer bei einer unveränderten Vergütung neue Aufgaben, müssen diese gleichwertig mit seinen alten sein.

Wichtig: Ignoriert ein Arbeitgeber das, können Mitarbeiter die Erledigung dieser Aufgaben ablehnen – ohne arbeitsrechtliche Sanktionen wie beispielsweise eine Abmahnung befürchten zu müssen.

Greifen Arbeitgeber zu solchen Maßnahmen, wollen sie sich meist von dem betreffenden Mitarbeiter trennen und ihn mit solchen Aufgaben mürbe machen. Arbeitsgerichte haben für solch ein Vorgehen allerdings kein Verständnis, wie ein Urteil des Landesarbeitsgerichts Schleswig-Holstein zeigt (Az.: 1 Sa 107/14): In dem Fall bewertete das Arbeitsgericht die sinnlosen Aufgaben als Verletzung des allgemeinen Persönlichkeitsrechts. Denn arbeitsvertraglich geregelte Tätigkeiten dürfen nicht gegen das Recht des Mitarbeiters auf Anerkennung und Wertschätzung seiner Persönlichkeit verstoßen.

Können Arbeitgeber Privatbesuche im Betrieb verbieten?

Private Besuche am Arbeitsplatz sollten eher die Ausnahme als die Regel sein. Denn viele Arbeitgeber sehen es nicht gern, wenn Familie, Freunde oder Bekannte am Arbeitsplatz vorbeischauen. Dürfen Arbeitgeber es aber verbieten?

Ja, dieses Recht haben Arbeitgeber. Denn sie haben einerseits das Hausrecht und sind andererseits für die Sicherheit und Ordnung im Betrieb verantwortlich. Verbieten sie daher unternehmensfremden Personen den Zugang, dürfen Mitarbeiter sich darüber nicht hinwegsetzen.

Arbeitgeber sprechen ein solches Besuchsverbot meist aus, wenn sich im Betrieb sehr sensible Daten befinden oder der Betrieb aufgrund seiner Beschaffenheit ein gesundheitliches Risiko für unternehmensfremde Personen darstellt.

Mitarbeiter sollten daher Verständnis aufbringen, wenn ihre Arbeitgeber ihnen private Besuche am Arbeitsplatz verbieten. In der Regel sprechen sie dieses Verbot aus Gründen der Arbeitssicherheit aus.

Dürfen Arbeitgeber ihre Mitarbeiter per Video überwachen?

Am Arbeitsplatz gilt für viele Arbeitgeber das Motto: Vertrauen ist gut, Kontrolle ist besser. Doch die Kontrolle muss Grenzen haben, denn das Arbeitsrecht setzt Rahmenbedingungen, die weder von Arbeitgebern noch von Mitarbeitern überschritten werden dürfen.

Denn durch eine Überwachung am Arbeitsplatz greift der Arbeitgeber in das Persönlichkeitsrecht des Mitarbeiters ein. Menschenwürde und Handlungsfreiheit sind jedoch im Grundgesetz verankerte Rechte. Allerdings können diese Rechte am Arbeitsplatz gegen die Interessen des Arbeitgebers abgewogen werden.

Wichtig: Je intensiver die Überwachungsmaßnahmen, desto problematischer sind sie.

Während das Überprüfen von Stundenzettel in der Regel problemlos ist, ist die versteckte Videoüberwachung bis auf wenige Ausnahmen (zum Beispiel bei konkreten Verdachtsmomenten für schwere Verfehlungen oder strafbare Handlungen) äußerst problematisch. Denn bevor solche harten Maßnahmen eingesetzt werden, müssen vorher weniger einschneidende Mittel erfolglos gewesen sein. Eine Videoüberwachung ohne konkreten Verdacht ist daher grundsätzlich verboten und ausgeschlossen.

Dürfen Arbeitgeber ihre Mitarbeiter zum Arzt schicken?

Es gibt Arbeitgeber, die statten ihren krankgeschriebenen Mitarbeitern Hausbesuche ab, lassen sie von Detektiven überwachen oder schicken sie zum Arzt. Mitarbeiter müssen sich anscheinend immer mehr von ihren Arbeitgebern gefallen lassen. Doch dürfen diese ihre Mitarbeiter zum Arzt schicken?

Das wird vom Arbeitsrecht sehr strikt behandelt, denn hier sind sowohl das Persönlichkeitsrecht als auch die Intimsphäre des Mitarbeiters betroffen. Ob Mitarbeiter den Gang zur ärztlichen Untersuchung antreten müssen, wird von Gesetzen, Tarifverträgen, Unfallverhütungsvorschriften oder Arbeitsschutzbestimmungen geregelt und hängt davon ab, wo Mitarbeiter konkret tätig sind und was sie tun.

So müssen beispielsweise Köche und Piloten regelmäßig zur ärztlichen Kontrolluntersuchung. Das ist sogar Voraussetzung dafür, dass sie überhaupt tätig sein dürfen. Weigern sich diese Berufsgruppen, droht eine Abmahnung und im Wiederholungsfall die Kündigung, denn hier verstoßen die Mitarbeiter gegen ihre arbeitsvertraglichen Pflichten, weil sie unter Umständen dann nicht mehr eingesetzt werden dürfen.

Wer in einem Beruf tätig ist, für den keine Gesundheitsuntersuchung notwendig ist, muss auch nicht zur ärztlichen Untersuchung erscheinen. Wer vom

Arbeitgeber dazu gezwungen wird, sollte nachfragen, welche konkrete Rechtsgrundlage vorliegt.

Wichtig: Ob Verpflichtung oder nicht, grundsätzlich muss niemand schmerzhafte und risikoreiche Untersuchungen über sich ergehen lassen.

Wer sich kooperativ zeigen möchte, kann sich von seinem Hausarzt ein Gesundheitszeugnis ausstellen lassen.

Erhalten Mitarbeiter Schadenersatz, wenn sie vom Vorgesetzten einen Klaps auf den Po bekommen?

Die Antidiskriminierungsstelle des Bundes hat in einer Studie herausgefunden, dass jeder zweite Arbeitnehmer in Deutschland die im Gesetz festgehaltenen Situationen sexueller Belästigung schon einmal selbst am Arbeitsplatz erlebt hat. Dabei ist es nicht relevant, ob es sich hierbei um eine verbale Belästigung handelt oder um einen Klaps auf den Hintern. Denn ein sexuelles Verhalten am Arbeitsplatz ist per se grenzüberschreitend. Erhalten Mitarbeiter aber gleich Schadenersatz, wenn ein Vorgesetzter über das Ziel hinausschießt?

Grundsätzlich gilt, dass eine geschädigte Person für Sach- und Personenschäden von dem Verursacher einen Schadenersatz in Form von Schmerzensgeld beanspruchen kann. Bei Mitarbeitern aber gibt es eine Haftungsbeschränkung, die im § 105 des Sozialgesetzbuches VII geregelt wird.

Sind Geschädigter und Schädiger in demselben Unternehmen tätig und entsteht der Schaden, während der Schädiger objektiv im Betriebsinteresse handelt – und nicht aus persönlichen Gründen –, haftet nicht er, sondern die zuständige Berufsgenossenschaft bzw. der Arbeitgeber.

Geht man nun davon aus, dass der Vorgesetzte in einer betrieblichen Situation – wie einem Meeting – einem Mitarbeiter flapsig einen Klaps verpasst (zum Beispiel, weil der bzw. die Mitarbeiter/in wiederholt verspätet zu einer Sitzung erschien), muss der Arbeitgeber Schadenersatz in Form von Schmerzensgeld leisten – und nicht der Mitarbeiter persönlich. Darüber hinaus kann der Mitarbeiter, der den Klaps erhalten hat, gegen den »Klaps-Geber« zivilrechtliche Ansprüche geltend machen sowie eine Strafanzeige stellen.

Erfolgt der Klaps innerhalb eines persönlichen Gesprächs – foppen sich zum Beispiel beide gegenseitig, und daraufhin erfolgt der Klaps –, haftet nun wiederum der Vorgesetzte persönlich. Das heißt, er muss unter Umständen zahlen.

Wichtig: Mitarbeiter erhalten Schmerzensgeld, wenn ihr allgemeines Persönlichkeitsrecht verletzt wurde.

Müssen Arbeitgeber auch bei einer sexuellen Belästigung außerhalb des Jobs eingreifen?

Die Internationale Arbeitsorganisation ILO (International Labour Organization) geht davon aus, dass in der Europäischen Union zwischen 40 und 50 Prozent der Frauen im Beruf schon einmal sexuell belästigt wurden. Im Klartext: Die Mehrheit der Frauen hat damit schon Erfahrungen gemacht. Was aber, wenn eine Mitarbeiterin außerhalb des Arbeitsplatzes von einem Kollegen belästigt wird?

Das allgemeine Gleichbehandlungsgesetz (AGG) schützt Mitarbeiter am Arbeitsplatz vor jeder Art von Belästigung. Arbeitgeber sind gar gesetzlich verpflichtet, das AGG anzuwenden. Was viele nicht wissen: Das AGG hört nicht an der Unternehmenstür auf, sondern gilt auch auf Dienstreisen, Arbeitswegen, Betriebsausflügen, Pausen und Betriebsfesten. Und schließt Telefonate, SMS, E-Mails, Videos und Fotos außerhalb der Arbeitszeit ein. So gelten verbale (zum Beispiel anzügliche Bemerkungen, Witze, Kommentare), non-verbale (etwa unerwünschte E-Mails, SMS) sowie physische (beispielsweise unerwünschte Berührungen) Aktionen als sexuelle Belästigungen.

Wichtig: Selfies und Videos, die beispielsweise auf einer Betriebsfeier entstehen, sollten nicht unbedacht an Kollegen verschickt werden. Wer hier nämlich die Grenze überschreitet, kann schnell Probleme bekommen.

Wer sich sexuell belästigt fühlt, sollte sich beim Vorgesetzten, der Personalabteilung oder, falls vorhanden, dem Betriebsrat beschweren. Ignoriert ein Unternehmen die Beschwerde, berechtigt das den Mitarbeiter, seine Arbeit – bei fortlaufendem Gehalt – einzustellen. Denn es kann niemandem zugemutet werden, sich dem belästigenden Kollegen stellen zu müssen.

Ferner haben Betroffene die Möglichkeit, Schadenersatzansprüche wie beispielsweise Schmerzensgeld oder auch Arztbehandlungskosten geltend zu machen. In schwerwiegenden Fällen kann sogar eine Strafanzeige möglich sein.

Je nach Intensität der Belästigung können Arbeitgeber in solchen Fällen mindestens eine Ermahnung oder Abmahnung aussprechen, den Mitarbeiter versetzen oder gar die Kündigung aussprechen.

Ist privates Chatten am Arbeitsplatz verboten?

Mitarbeiter haben es auch wirklich nicht leicht: Private Telefonate am Arbeitsplatz sind tabu – es sei denn, es handelt sich um einen Notfall. Das Surfen im Web ist auch nur mit ausdrücklicher Genehmigung vom Arbeitgeber erlaubt. Und dann soll auch noch das private Chatten im Job verboten werden. Geht das überhaupt? Oder gehen Arbeitgeber mit einem solchen Verbot zu weit?

Das hängt davon ab, was Arbeitgeber diesbezüglich ihren Mitarbeitern erlauben und was nicht. Sind private Web-Aktivitäten nicht erlaubt, droht bei einem Verstoß dagegen eine Abmahnung und im Wiederholungsfall die fristlose Kündigung.

Wichtig: Ob Arbeitgeber eine Abmahnung aussprechen müssen, hängt davon ab, wie schwer die Pflichtverletzung des Mitarbeiters ist.

Kann ein Mitarbeiter eine lange Betriebszugehörigkeit ohne Verstöße vorweisen, dann wird ein einmaliger Ausrutscher nicht eine fristlose Kündigung rechtfertigen können. Wer hingegen trotz eines Verbots mehrmals täglich privat chattet (und das vielleicht sogar auf Seiten mit pornografischen Inhalten), wird nicht auf einen Warnschuss wie eine Abmahnung hoffen können. Bei solch schweren Verstößen ist die fristlose Kündigung meistens gerechtfertigt, weil hierbei die Gerichte von einem Arbeitszeitbetrug ausgehen.

Dürfen Arbeitgeber den Browserverlauf von Mitarbeiter-PCs überprüfen?

Nur noch schnell die Reise buchen, das Shirt bestellen, das Geburtstagsgeschenk kaufen – die meisten Mitarbeiter erledigen kleine private Dinge gern mal schnell am Arbeitsplatz. Extremer wird es, wenn Arbeitnehmer mehr Zeit mit privaten Recherchen als mit beruflichen Dingen verbringen. Um hier den Überblick zu behalten, müssten Arbeitgeber den Browserverlauf von Mitarbeiter-PCs überwachen. Doch dürfen die das?

Viele Arbeitgeber verbieten ihren Mitarbeitern die private Internetnutzung am Arbeitsplatz generell. Um zu prüfen, ob die sich auch daranhalten, greifen viele hier zur Kontrolle des Browserverlaufs. Diese hat aber Grenzen, denn Arbeitgeber dürfen dabei nicht die Persönlichkeitsrechte ihrer Mitarbeiter verletzen, hier uneingeschränkt überwachen und somit das Verhalten permanent kontrollieren.

Erlaubt ein Mitarbeiter seinem Arbeitgeber per se nicht, seinen Browserverlauf uneingeschränkt zu kontrollieren, stellt diese Überwachungsmaßnahme einen Verstoß gegen das Persönlichkeitsrecht des einzelnen Mitarbeiters dar, denn hierbei handelt es sich um personenbezogene Daten.

Allerdings benötigen Arbeitgeber nicht immer die Erlaubnis des Mitarbeiters, um einen Verstoß aufzudecken. Besteht ein Verdacht und möchte ein Arbeitgeber einem Mitarbeiter den Internet-Missbrauch beweisen, hat er letztendlich nur durch die Auswertung seiner Browserdaten die Möglichkeit, den Arbeitszeitbetrug aufzudecken. Unterstützt werden Arbeitgeber auf diesem Weg vom Landesarbeitsgericht Berlin-Brandenburg (Az.: 5 Sa 657/15).

Tipp: Wenn nicht klar ist, wie der Arbeitgeber zur privaten Internetnutzung am Arbeitsplatz steht, sollten Mitarbeiter ein schriftliches Feedback per E-Mail einfordern.

Dürfen Mitarbeiter am Schreibtisch essen?

Vier von zehn Deutschen bleiben in ihrer Mittagspause am Schreibtisch sitzen. Doch darf man am Arbeitsplatz essen? Oder können Arbeitgeber das Essen am Schreibtisch verbieten?

Verfügt ein Betrieb über eine Küche, Kantine oder einen Aufenthaltsraum, dürfen Mitarbeiter nicht am Schreibtisch essen, wenn Kollegen sich davon belästigt fühlen. Dann darf der Arbeitgeber sogar ein generelles Essverbot am Schreibtisch aussprechen.

Verfügt ein Unternehmen nicht über Ausweichmöglichkeiten, müssen Arbeitgeber und Mitarbeiter das Essen am Schreibtisch tolerieren. Es sei denn, Hygienevorschriften, wie sie in Krankenhäusern, Laboren oder Pflegeheimen gelten, verbieten das.

Wichtig: Existiert im Unternehmen ein Betriebsrat, hat er ein Mitbestimmungsrecht, denn hierbei handelt es sich um eine Frage der betrieblichen Ordnung. Das heißt, Arbeitgeber und Betriebsrat müssen sich bei dem Thema einig sein. Ansonsten kann der Betriebsrat den Arbeitgeber hier blockieren.

Dürfen Mitarbeiter im Nachtdienst ein Nickerchen machen?

In einigen Berufen gehört die Nachtarbeit dazu. Nicht jeder Mitarbeiter kommt dem gern nach, denn die Nachtarbeit stellt für den Körper eine gesundheitliche Belastung dar. Dennoch müssen Arbeitnehmer wie Polizisten, Bäcker, Pfleger oder auch Fabrikarbeiter sie leisten. Das heißt, wer im Nachtdienst tätig ist, muss auch die gesamte Arbeitszeit zur Verfügung stehen – und darf sich nicht zum Schlafen hinlegen!

Ignoriert ein Mitarbeiter das, verletzt er seine arbeitsvertraglichen Pflichten und kann entsprechend abgemahnt und im Wiederholungsfall gekündigt werden. Ob eine Kündigung fristlos erfolgen kann, hängt dabei vom Einzelfall ab.

Arbeitsgerichte entscheiden in solchen Fällen, ob es dem Arbeitgeber noch zuzumuten ist, diesen Mitarbeiter weiterzubeschäftigen. Das heißt, ob die Pflichtverletzung letztendlich so gravierend ist, dass eine Weiterbeschäftigung unmöglich erscheint.

Wer zum Beispiel auf der Intensivstation eines Krankenhauses tätig ist und sich im Nachtdienst hinlegt, riskiert das Leben von Patienten. Solch ein Verstoß kann die sofortige fristlose Kündigung eher rechtfertigen, als wenn ein Nachtwächter eines Bürogebäudes einschläft.

Dürfen Mitarbeiter an den Rechner ihres Chefs gehen?

Grundsätzlich sind Rechner, Schreibtisch, Ablagen, private Dinge etc. vom Chef tabu. Es sei denn, der Chef bittet einen Mitarbeiter darum, etwas aus dem Büro zu holen oder vom Rechner auszudrucken. Ansonsten sollten Arbeitnehmer die Finger von Dingen des Chefs lassen!

Wer sich nicht daranhält und unerlaubt in das Büro und an den Rechner seines Vorgesetzten geht, riskiert seinen Job. Denn das ist eine grobe Pflichtverletzung. Arbeitsgerichte urteilen in solchen Fällen immer sehr streng, denn der Büroraum eines Vorgesetzten ist NICHT Arbeitsplatz des Mitarbeiters.

Wichtig: Das Gleiche gilt übrigens für die Büroräume und Computer von Kollegen. Auch die sind für Mitarbeiter tabu.

Vorgesetzte dürfen nur an den Rechner ihrer Mitarbeiter gehen, wenn diese nicht passwortgeschützt sind und nicht über private Daten verfügen. Dürfen Mitarbeiter nämlich private E-Mails am Arbeitsplatz erhalten und verschicken, ist der Mitarbeiter-PC auch für Chefs tabu.

Dürfen Mitarbeiter die Passwörter ihrer Kollegen benutzen?

Angesichts der Datenskandale der letzten Jahre ist das Thema Datenschutz und -sicherheit in vielen Unternehmen ein sehr sensibles Thema. Dazu gehört auch der Umgang mit Passwörtern: Mitarbeiter müssen die ihnen zugeteilten Passwörter für sich behalten, sicher aufbewahren sowie nicht an Dritte weitergeben.

Denn in der Regel setzen Unternehmen Passwörter ein, um Mitarbeitern gewisse Zugriffsrechte einzuräumen sowie die Daten zu schützen. Wer mit dem Passwort eines Kollegen arbeitet, nutzt es illegal und riskiert dementsprechend sowohl eine Kündigung als auch eine Anzeige – vor allem, wenn er seine eingeräumten Zugriffsrechte so überschreitet.

***Wichtig:** Wer fremde Passwörter benutzt, verstößt gegen seine arbeitsvertraglichen Pflichten. Und weil das zu einem gravierenden Vertrauensbruch zwischen Arbeitgeber und Mitarbeiter führt, ist eine fristlose Kündigung möglich.*

Dass das nicht unüblich ist, zeigt ein Urteil des Landesarbeitsgerichts München (Az.: 11 Sa 1066/08): Ein Mitarbeiter verschaffte sich mit dem Passwort eines Kollegen Lese- und Schreibrechte über seinen Status hinaus – und änderte Daten. Als der Arbeitgeber dahinterkam, kündigte er dem Mitarbeiter fristlos und erstattete außerdem Strafanzeige wegen Datenveränderung.

Dürfen Unternehmen Mitarbeitern die Streikteilnahme verbieten?

Piloten, Erzieher, Lokführer – viele Arbeitnehmer streiken, wenn sie mehr Geld möchten bzw. weniger arbeiten wollen, die Gespräche darüber jedoch gescheitert sind. Der Streik dient dann dazu, ihren Forderungen Nachdruck zu verleihen.

Arbeitgeber versuchen in der Regel, mit juristischen Mitteln den Streik zu verhindern. Das aber ist nicht ganz einfach. Ruft eine Gewerkschaft offiziell zum Streik auf, ist ein Streik legal und Mitarbeiter, deren

Arbeitsverträge auf einen Tarifvertrag verweisen und die Gewerkschaftsmitglieder sind, dürfen (ohne Konsequenzen befürchten zu müssen) teilnehmen. Ruft hingegen keine Gewerkschaft dazu auf, dann ist der Streik illegal. Man spricht in diesen Fällen von einem »wilden Streik« – und eine Teilnahme daran ist verboten.

Diese Unterscheidung ist wichtig, denn bei einem legalen Streik ruht das Arbeitsverhältnis: Mitarbeiter erfüllen während der Streikteilnahme ihre Arbeitsleistung nicht, Arbeitgeber müssen im Gegenzug für die Streikdauer keine Vergütung zahlen. Den Verdienstausfall übernimmt bei einem ordentlichen Streik die Gewerkschaft, indem sie ihren Mitgliedern ein Streikgeld zahlt.

Nimmt ein Mitarbeiter hingegen an einem wilden Streik teil und bleibt daher seinem Arbeitsplatz fern, dann kann der Arbeitgeber eine Abmahnung aussprechen sowie den Lohn um den Streik-Zeitraum kürzen. Denn das Nichterscheinen am Arbeitsplatz wird in solchen Fällen als Arbeitsverweigerung gewertet.

Wichtig: Gegebenenfalls können Arbeitgeber ihre Mitarbeiter für Schäden, die durch einen wilden Streik entstehen, haftbar machen.

Darf der Arbeitgeber beim Verlassen des Unternehmens Taschenkontrollen durchführen?

Mal ehrlich, wer lässt sich schon gern in die Tasche gucken – auch, wenn man kein schlechtes Gewissen hat. Finden solche Kontrollen am Arbeitsplatz statt, stellen sie zwar einen Eingriff in das allgemeine Persönlichkeitsrecht eines Mitarbeiters dar. Sind sie dadurch aber auch gleich verboten?

Unternehmen haben bei Überwachungsmaßnahmen einen gewissen Handlungsspielraum, aber sie müssen dabei grundsätzlich das Persönlichkeitsrecht ihrer Mitarbeiter berücksichtigen. Und weil die Kontrollen von Taschen massiv in das Persönlichkeitsrecht eingreifen, müssen Arbeitgeber hier die im Grundgesetz verankerten Grundrechte beachten.

Sofern vorhanden, müssen Unternehmen vor der Einführung von Taschenkontrollen den Betriebsrat bei der Planung und Umsetzung dieser Kontrollmaßnahme einbeziehen. Um alle Mitarbeiter rechtzeitig über die neue Kontrollmaßnahme zu informieren, schließen Arbeitgeber und Betriebsrat in der Regel eine Betriebsvereinbarung.

Wichtig: Arbeitgeber müssen bei den Taschenkontrollen entweder alle Mitarbeiter kontrollieren oder nach dem Zufallsprinzip handeln. Ein bestimmter Mitarbeiter darf nur als Einziger kontrolliert werden, wenn gegen ihn ein hinreichend gravierender Verdacht besteht.

Dürfen Arbeitgeber Kollegen aufeinander ansetzen?

Auch Arbeitgeber sind neugierig und würden gern so viele Informationen über ihre Mitarbeiter wie möglich einsammeln: Wann kommt wer zur Arbeit? Wie lange machen die Mitarbeiter Pause? Wer redet mit wem über was? An diese Informationen aber kommen Chefs nicht so ohne Weiteres heran. Dürfen sie hier einen Kollegen beauftragen, diese Informationen einzusammeln?

Wer einen Spitzel auf seine Mitarbeiter ansetzt, missachtet das Persönlichkeitsrecht seiner Beschäftigten. Daher ist hier Vorsicht geboten. Denn mit dieser verdeckten Überwachung werden sowohl die Menschenwürde als auch die Handlungsfreiheit der Mitarbeiter verletzt – beides im Grundgesetz verankerte Rechte.

Wichtig: Mitarbeiter müssen sich solche Bespitzelungen nicht gefallen lassen.

Wer von seinem Vorgesetzten für eine solche Aktion rekrutiert werden soll, sollte unbedingt mit dem Per-

sonalleiter und – falls vorhanden – mit dem Betriebsrat in Kontakt treten. Arbeitsrechtliche Maßnahmen
wie eine Kündigung oder Abmahnung muss er dabei
nicht befürchten (Maßregelungsverbot).

*Tipp: Existiert kein Betriebsrat im Unternehmen und
ist der Vorgesetzte auch gleichzeitig für das Personal
zuständig, können Mitarbeiter sich Rat bei Gewerkschaften oder Fachanwälten holen.*

Dürfen Arbeitgeber die Annahme von Geschenken verbieten?

Ein kostenloser Urlaub auf der spanischen Urlaubs-
finca eines Geschäftsmannes kann einen Politiker in
Erklärungsnot bringen, ein edler Rotwein vom Kunden kann einen Bankangestellten den Job kosten. Was
aber ist mit dem kleinen Blumenstrauß für die Sekre-
tärin? Kann ein solches Mitbringsel für die Mitarbeiterin ebenfalls zum Problem werden?

Viele Arbeitgeber erlassen für die Annahme von
Geschenken extra Ethik-Richtlinien oder nehmen
eine entsprechende Klausel in ihren Arbeitsvertrag
auf. Vor allem Unternehmen, denen es besonders auf
die persönliche Integrität ihrer Mitarbeiter ankommt,
legen sehr viel Wert auf solche Vereinbarungen.

Können Geschenke nicht zurückgegeben werden,

müssen diese daher in der Regel dem Unternehmen übergeben werden. Viele Arbeitgeber organisieren deshalb einmal im Jahr eine Tombola oder Ähnliches, um die im Laufe des Jahres abgegebenen Geschenke für einen guten Zweck zu verlosen.

***Wichtig:** Manche Mitarbeiter nehmen Geschenke mit geringer Wertigkeit ohne zu zögern an. Das ist sehr gefährlich. Denn die Richtlinien und Klauseln machen in der Regel keinen Unterschied zwischen dem Wert des Geschenkes. Das heißt, auch bei einem Geschenk wie einem Kalender kann nach der Freude über das Geschenk eine Abmahnung folgen.*

Kann der Arbeitgeber den Flurfunk verbieten?

In vielen Unternehmen gibt es den inoffiziellen Informationskanal »Flurfunk«, über den die Belegschaft Informationen erhält, die eigentlich gar nicht für sie bestimmt sind. Den meisten Arbeitgebern ist diese Mund-zu-Mund-Propaganda daher ein Dorn im Auge. Denn Mitarbeiter können in Windeseile Dinge verbreiten – die der Wahrheit entsprechen oder eben auch nicht.

Am stärksten floriert der Flurfunk, wenn Geschäftsführungen (wichtige) Informationen nur spärlich an ihre Belegschaft geben. Dann halten sich Mitarbeiter nämlich selbst schnell, regelmäßig und zuverlässig per Flurfunk auf dem Laufenden.

Nimmt der Flurfunk jedoch überhand, greifen Arbeitgeber in der Regel ein. Das ist zum Beispiel dann der Fall, wenn sich das Gerede gegen eine bestimmte Person richtet und sich daraus eine Rufschädigung oder gar Mobbing entwickeln kann.

Und auch wenn Arbeitgeber beim Flurfunk eine gewisse Souveränität an den Tag legen sollten, ziehen viele die Notbremse, wenn sie einen Imageschaden für ihr Unternehmen befürchten. Denn Unwahrheiten, üble Nachreden, schwere Beleidigungen, das Herabwürdigen etc. sind Aktionen, die niemand dulden muss.

Reißt einem Arbeitgeber der Geduldsfaden, wird er sich auf die Suche nach einem oder mehreren Schuldigen machen. Dafür darf er zu Einzel- oder Gruppengesprächen laden, um klare Regeln aufzustellen und eine Ermahnung auszusprechen.

Wichtig: Bringt eine solche Ermahnung nichts, können Arbeitgeber Abmahnungen aussprechen und im Wiederholungsfall kündigen.

Auch wenn es das Recht auf freie Meinungsäußerung gibt, sollten Mitarbeiter generell vorsichtig sein, was sie zu wem sagen.

Dürfen Mitarbeiter am Arbeitsplatz mit Headhuntern sprechen?

Für Unternehmen wird es immer schwieriger, gute Fachleute zu finden. Gleichzeitig haben sie eine sehr genaue Vorstellung von ihnen. Daher können Headhunter bei der Suche nach Fach- und Führungskräften eine große Hilfe sein. Im Regelfall rufen Headhunter Mitarbeiter am Arbeitsplatz an. Doch dürfen Arbeitnehmer dann überhaupt mit ihnen sprechen?

Arbeitgeber reagieren beim Thema Headhunter äußerst sensibel. Denn eine Kontaktaufnahme von ihnen hält Mitarbeiter am Arbeitsplatz nicht nur von ihrer Arbeit ab, sondern will sie obendrein auch noch abwerben. Und wer will schon, dass seine leistungsfähigen Mitarbeiter abgeworben werden?

Ruft ein Headhunter am Arbeitsplatz an, fragt einen Mitarbeiter nach seinem Wechselinteresse und beschreibt kurz die Stelle, dann kann der Arbeitnehmer problemlos zuhören. Solch eine Störung müssen Arbeitgeber dulden – vorausgesetzt, private Telefonate am Arbeitsplatz sind nicht grundsätzlich verboten.

Weiter muss die Geduld eines Arbeitgebers allerdings nicht reichen. Deshalb sollten interessierte Beschäftigte nach dem ersten kurzen Telefonat jedes weitere Gespräch mit dem Headhunter in ihre Freizeit verlegen.

Wichtig: Das Abwerben von Mitarbeitern durch einen Headhunter gehört zum Wettbewerbsrecht. Dieser wettbewerbsrechtliche Aspekt kollidiert aber mit der arbeitsvertraglichen Pflicht von Mitarbeitern, sich ihrem Arbeitgeber gegenüber vertragstreu und loyal zu verhalten.

Deshalb sollten Beschäftigte beim Kontakt mit Headhuntern immer daran denken, dass sie sich in einem aktiven Arbeitsverhältnis befinden, von ihrem Arbeitgeber für ihre Arbeitsleistungen vergütet werden und sich ihm gegenüber daher auch fair verhalten sollten.

Sind Mitarbeiter auf ihrem Heimweg versichert?

In Deutschland haben immer mehr Menschen Probleme beim Ein- und Durchschlafen. Der DAK-Gesundheitsreport 2017 zeigt, dass 80 Prozent der Erwerbstätigen schlecht schlafen. Hochgerechnet auf die Bevölkerung sind das etwa 34 Millionen Menschen in Deutschland. Sind die alle unkonzentriert, weil unausgeschlafen, auf dem Weg zur Arbeit bzw. von der Arbeit nach Hause unterwegs, sind Unfälle vorprogrammiert. Wer haftet hier?

Auf dem Weg zur und von der Arbeit nach Hause stehen Arbeitnehmer unter dem Schutz der gesetzlichen

Unfallversicherung. Wer auf diesem Weg einen Unfall hat, kann sich also an die Unfallversicherung wenden.

Wichtig: Mitarbeiter sind nur auf dem direkten Weg versichert. Das heißt, sie dürfen keinen Umweg fahren oder Zwischenstopp einlegen. Auch wenn der Halt auf dem direkten Heimweg ist!

Die Gerichte und Versicherer sind in solchen Fällen sehr streng, wie ein Urteil des Landessozialgerichts Nordrhein-Westfalen zeigt (Az.: S 5 U 298/08): Ein Arbeitnehmer war mit seinem Rad auf dem Heimweg, als er mehrfach von einem PKW behindert wurde. An einer roten Ampel stellte er den Autofahrer zur Rede. Als dieser ausstieg, rollte der Wagen versehentlich auf den Arbeitnehmer zu und verletzte ihn. Sowohl für die Richter des Landessozialgerichts als auch für die gesetzliche Unfallversicherung lag hier jedoch kein Arbeitsunfall vor, denn hätte der Mitarbeiter durch das Zur-Rede-stellen des Fahrers seinen Rückweg nicht unterbrochen, wäre der Unfall nicht passiert.

Wer haftet bei einem Unfall auf der Betriebsfeier?

Auf vielen Betriebsfesten wird ordentlich gefeiert und Alkohol getrunken. Nicht selten vergessen Mitarbei-

ter, dass das Fest keine Freizeit-, sondern eine berufliche Veranstaltung ist. Was passiert, wenn ein Arbeitnehmer dabei verunglückt?

Betriebsfeiern stehen nicht uneingeschränkt unter
dem Schutz der gesetzlichen Unfallversicherung bzw.
der Berufsgenossenschaft. Mitarbeiter sind bei den
Vorbereitungen zum Fest, auf dem direkten Hin- und
Rückweg (ohne Zwischenstopp!) sowie auf der Feier
selbst versichert. Wer jedoch über das Veranstaltungs-
ende hinaus bleibt oder an einem anderen Ort weiter-
feiert, steht nicht mehr unter dem Schutz.

*Wichtig: Berufsgenossenschaften und die gesetzliche
Unfallversicherung haften grundsätzlich nicht, wenn
ein Mitarbeiter unter Alkoholeinfluss verunglückt.*

Und um die Feier überhaupt als Betriebsfeier anzu-
erkennen, muss diese von der Geschäftsführung veranstaltet, gefördert und gebilligt sein.

Dürfen Arbeitgeber Tattoos und Piercings verbieten?

Piercings und Tattoos sind ein beliebter, allerdings
auch ausgefallener Körperschmuck. Wer sich in jungen Jahren für sichtbare Stellen entscheidet, kann es
später bereuen. Nämlich dann, wenn er im Bewer-

bungsgespräch aufgrund seines sichtbaren Körperschmucks aussortiert wird. Doch dürfen Arbeitgeber sich überhaupt so verhalten?

Arbeitgeber haben das Recht, ihren Mitarbeitern vorzuschreiben, was sie während ihrer Arbeit tragen. Dazu gehört auch die Mitarbeiterpflicht zu einem gepflegten Äußeren. Das heißt, Haare, Bärte und Körperschmuck müssen ordentlich aussehen.

Wie weit ein Arbeitgeber eingreifen darf, hängt vom Einzelfall ab. Mitarbeiter, die mit Kunden in Kontakt sind, repräsentieren mit ihrem Aussehen auch immer das Unternehmen. Daher sind Banken oder auch Unternehmen, deren Produkte zum Luxussegment zählen, in der Regel streng, was die optische Erscheinung ihrer Mitarbeiter angeht.

Wichtig: Arbeitgeber dürfen am Arbeitsplatz nicht nur Jeans und Turnschuhe verbieten, sondern auch sichtbare Piercings (die dann rauszunehmen sind) und Tattoos (die abgedeckt werden müssen).

Mitarbeiter, die im öffentlichen Dienst tätig sind, repräsentieren den Staat. Das heißt, sie dürfen weder Tattoos noch Piercings sichtbar tragen. Und auch wer sich für den öffentlichen Dienst bewirbt, muss vorsichtig sein, wie ein Beschluss des Verwaltungsgerichts Darmstadt zeigt (Az.: 1 L 528/14.DA.): Eine Frau bewarb sich bei der Bundespolizei und erhielt aufgrund ihres großen Unterarm-Tattoos eine Absage. Denn die internen Richtlinien der Bundespolizei sehen vor, dass niemand mit sichtbaren Tattoos eingestellt werden darf. Wäre das Tattoo klein und an einer nicht sichtbaren Stelle gewesen, hätte die Frau am Einstellungsverfahren teilnehmen können.

Dürfen Arbeitgeber die Post von Mitarbeitern öffnen?

In Deutschland gibt es das Briefgeheimnis (Artikel 10 Grundgesetz): Die Post darf nur von demjenigen geöffnet und gelesen werden, der auch als Empfänger vermerkt ist. Wer dagegen verstößt, muss mit Sanktionen rechnen. Gilt das aber auch am Arbeitsplatz?

Ja und nein. Ist die Mitarbeiterpost an Unternehmen und Mitarbeiter gerichtet, dürfen Arbeitgeber die Post öffnen. Ist sie ausschließlich an den Mitarbeiter mit dem Hinweis »persönlich« oder »vertraulich« gerichtet, darf sie nur von dem Mitarbeiter geöffnet werden.

Es gibt Betriebe, in denen die Post von der Poststelle oder dem Sekretariat geöffnet, mit einem Eingangsstempel versehen und dann an die entsprechende Person weitergeleitet wird. Missfällt das einem Mitarbeiter, muss er sich dem dennoch fügen. Auch die Argumente Postgeheimnis und allgemeines Persönlich-

keitsrecht reichen nicht aus, solch einen Vorgang außer Kraft zu setzen, wie ein Urteil des Landesarbeitsgerichts Hamm zeigt (Az.: 14 Sa 1972/02).

> *Wichtig: Nur jene Post, die ausschließlich an den
> Mitarbeiter mit einem Vertraulichkeitsvermerk auf
> dem Umschlag gerichtet ist, verbietet Kollegen und
> Vorgesetzten, diese Post zu öffnen.*

Muss ein Mitarbeiter das Duzen im Unternehmen tolerieren?

Bei der Frage duzen oder siezen scheiden sich die
Geister. Während für den einen das »Du« normal und
gewünscht ist, mag ein anderer (vor allem am Arbeitsplatz) diese »Vertraulichkeit« nicht. Das führt manchmal zu der merkwürdig klingenden Zwischenform
der Sie-Anrede, gekoppelt mit dem Vornamen. Was
müssen Arbeitnehmer am Arbeitsplatz akzeptieren?

Die Anrede gehört zum allgemeinen Persönlichkeitsrecht von Mitarbeitern. Demnach kann jeder Angestellte selbst bestimmen, ob er gesiezt oder geduzt
werden möchte. Möchte ein Arbeitgeber in seinem
Unternehmen vom Sie zum Du wechseln, muss er sein
Interesse gegen das seiner Beschäftigten abwägen.

Entscheidet er sich beispielsweise aus Gründen der
Unternehmenskultur für das Du, ein einziger Mit-

arbeiter möchte aber weiterhin gesiezt werden, wird sich der Mitarbeiter der Mehrheit fügen müssen – erst recht, wenn er das Du eine Zeitlang tolerierte, wie ein Urteil des Landesarbeitsgerichts Hamm zeigt (Az.: 14 Sa 1145/98).

Ein Abteilungsleiter im Bereich der Herrenober-bekleidung arbeitete in einem Unternehmen, in dem sich die Mitarbeiter untereinander stets siezten. Als ein schwedisches Bekleidungsunternehmen das Ge-schäft übernahm, zog nicht nur eine andere Optik ein, sondern auch ein neuer Umgangston – dieser ging vom förmlichen Sie in ein lockeres Du über. Grund: Der Bekleidungsriese hatte nicht nur eine jüngere Kundschaft, auch das Arbeitsklima sollte lockerer als in einem klassischen Bekleidungsgeschäft sein.

Der 45-jährige Mitarbeiter ertrug das, allerdings »nur« 22 Monate. Dann wollte er wieder gesiezt werden. Seiner Meinung nach verletzte das Du sein Persönlichkeitsrecht. Ob man sich in einem Unter-nehmen duzt oder siezt, ist aber auch immer eine Frage des Unternehmensstils sowie der Branche – so auch bei dem schwedischen Bekleidungsunterneh-men.

Der Mitarbeiter zog vor Gericht – und verlor. Die Richter erkannten zwar das Selbstbestimmungsrecht des Mitarbeiters an. Sie wiesen die Klage gegen den Arbeitgeber jedoch ab, denn er hatte der Anredeände-rung 22 Monate lang nicht widersprochen.

Wichtig: Enthält der Arbeitsvertrag keinen Hinweis auf Umgangsformen, können Mitarbeiter nicht vom Arbeitgeber verlangen, weiterhin gesiezt zu werden. Auch dann nicht, wenn im Unternehmen jahrelang das »Sie« angewendet wurde.

Dürfen Arbeitgeber bei einem Burnout einen Gesundheitsnachweis vom Mitarbeiter verlangen?

Burnout ist ein schleichender, allmählicher Prozess, und auch der Rückweg braucht seine Zeit. Mit einem großen Sprung, einem einzigen Kraftakt heraus aus der Misere – das ist eine verlockende Vorstellung, mit dem kleinen Haken, dass sie nicht realistisch ist.

Auch ist die Burnout-Erkrankung eine Krankheit, die nicht direkt sichtbar ist. Aus diesem Grund gibt es Arbeitgeber, die sehr misstrauisch reagieren und eine ärztliche Untersuchung zum Nachweis des gesundheitlichen Zustands eines Mitarbeiters fordern. Der Gesetzgeber regelt diese Möglichkeit aus gutem Grund jedoch äußerst strikt, denn immerhin ist dies ein großer Eingriff in die Intimsphäre des Arbeitnehmers.

In manchen Fällen darf der Arbeitgeber eine Gesundheitsuntersuchung anordnen. Eine Verpflichtung für Mitarbeiter, dem nachzukommen, leitet sich aus Gesetzen, Tarifverträgen oder aus Unfallverhütungsvorschriften und sonstigen Arbeitsschutzbestimmungen ab. Es muss also eine Rechtsgrundlage für eine solche Untersuchung bestehen. Weigert sich der Mitarbeiter, droht ihm zunächst die Abmahnung und dann die Kündigung, weil er gegen seine arbeitsvertraglichen Pflichten verstößt.

Wichtig: Mitarbeiter sollten immer nachfragen, auf welcher Rechtsgrundlage die Gesundheitsüberprüfung erfolgen soll. Liegt nämlich keine Rechtsgrundlage vor, müssen sie sich auch nicht untersuchen lassen.

Das Bundesarbeitsgericht hat einige wenige Ausnahmen anerkannt: Hat beispielsweise ein Krankenhaus aufgrund von Tatsachen den begründeten Verdacht, dass eine Krankenschwester psychisch erkrankt ist und infolge ihres Gesundheitszustandes nicht mehr auf der Station eingesetzt werden kann, muss die Mitarbeiterin die Untersuchung dulden.

Dürfen Arbeitgeber die Arbeitsleistung von Mitarbeitern vergleichen?

Mitarbeiter erhalten ihr Geld als Lohn für die geleistete Arbeit. Ist diese aus Sicht des Arbeitgebers nicht zufriedenstellend, wird er beim Mitarbeiter auf Veränderungen dringen – oder im schlimmsten Fall verhaltens- bzw. personenbedingt kündigen. Doch dürfen Arbeitgeber überhaupt die Arbeitsleistung von Mitarbeitern vergleichen? Und wie objektiv lässt sich die Qualität der Arbeitsleistung von Arbeitnehmer zu Arbeitnehmer vergleichen? Welche Arbeitsleistung darf der Arbeitgeber überhaupt verlangen?

Unter Qualität der Arbeitsleistung versteht das Arbeitsrecht das »Wie« der Arbeitsleistung. Dazu zählen Umfang, Geschwindigkeit und die Qualität der Arbeit eines Mitarbeiters. Unter Arbeitsumfang versteht das Arbeitsrecht die Pflicht des Arbeitnehmers, während der vereinbarten Arbeitszeit ständig zu arbeiten. Er darf seine Arbeit also nicht zugunsten privater Zwecke unterbrechen. Das Arbeitstempo muss »zügig« sein, es muss aber das individuelle Leistungspotenzial des Arbeitnehmers berücksichtigen.

Tipp: Bei der Teamarbeit muss sich das Arbeitstempo der Gruppe am langsamsten Arbeitnehmer orientieren.

Eine angemessene Arbeitsqualität erreicht ein Mitarbeiter, wenn er die übertragene Arbeit konzentriert und sorgfältig erledigt. Das Arbeitsrecht erkennt also an, dass sich die Qualität der Arbeit nicht objektiv bestimmen lässt, sondern sich am Leistungsvermögen des einzelnen Mitarbeiters orientiert. Das heißt, der Mitarbeiter schuldet dem Arbeitgeber keine bestimmten Arbeitserfolge oder gar Dauer-Spitzenleistungen. Und er soll auch nicht seine Gesundheit aufs Spiel setzen. Er ist lediglich verpflichtet, seine Arbeitskraft während der vereinbarten Arbeitszeit seinen Fähigkeiten entsprechend – bei angemessener Belastung seiner individuellen Kräfte und Fertigkeiten – zur Verfügung zu stellen.

Ist ein Arbeitgeber mit der Arbeitsqualität eines Mitarbeiters unzufrieden, hilft es unter Umständen, wenn beide konkrete Ziele über Menge oder Qualität der Arbeit vereinbaren. Diese müssen für den Arbeitnehmer jedoch als Ziel erreichbar sein. Verlangt der Arbeitgeber zu viel oder schafft der Mitarbeiter die vereinbarten Ziele nicht, sollte der Mitarbeiter erneut das Gespräch suchen, um eine Korrektur herbeizuführen.

Will der Arbeitgeber dem Mitarbeiter bei Nichterreichen der geforderten Arbeitsqualität personenbedingt kündigen, so steht er gegenüber dem Arbeitsgericht in der Nachweispflicht. Es reicht dabei nicht aus, dass er die Arbeitsergebnisse des Mitarbeiters beanstandet, insbesondere wenn dieser einer sehr hohen Arbeitsbelastung unterliegt.

Wichtig: Eine personenbedingte Kündigung verlangt den Nachweis, »dass eine erhebliche Beeinträchtigung der betrieblichen Interessen« vorliegt. Die Rechtsprechung fordert dabei eine nachweisbare 30-prozentige

Leistungsminderung gegenüber dem Durchschnitt der im Unternehmen Beschäftigten, die ähnlichen Tätigkeiten nachgehen.

Können Mitarbeiter bei einem Betriebswechsel Widerspruch einlegen?

Wechseln Firmen oder Firmenteile ihren Besitzer, so sprechen Juristen von einem Betriebsübergang. Dieser darf für Mitarbeiter allerdings keine Nachteile wie eine Gehaltsverringerung oder gar den Verlust des Arbeitsplatzes nach sich ziehen.

Doch müssen sich Mitarbeiter überhaupt fügen? Oder können sie bei einem Betriebsübergang Widerspruch einlegen?

Steht ein Betriebsübergang an, sind Arbeitgeber verpflichtet, ihre Mitarbeiter vorab über die Auswirkungen, die dieser Schritt auf ihr Arbeitsverhältnis haben wird, zu informieren. Allerdings kann der bisherige Arbeitgeber diese Informationspflicht auch an den neuen Betriebsinhaber übertragen.

Egal, wer die Belegschaft informiert, er muss sowohl den Zeitpunkt des Wechsels als auch den Grund nennen. Außerdem muss er die rechtlichen, wirtschaftlichen und sozialen Folgen des Übergangs aufzeigen. Und stehen mit dem Wechsel Umstrukturierungen an, dann muss auch darüber informiert werden.

Wichtig: Eine Information etwa per Aushang am »Schwarzen Brett« oder eine allgemeine Information in einer Betriebsversammlung reichen hier nicht aus.

Informiert ein Arbeitgeber seine Mitarbeiter nicht oder nicht ausreichend, können die einen Auskunftsanspruch gegen den bisherigen Arbeitgeber oder den neuen Inhaber geltend machen. Das ist deshalb relevant, weil durch fehlende Informationen die Widerspruchsfrist von Mitarbeitern nicht anläuft.

Den Widerspruch können Mitarbeiter innerhalb eines Monats nach Erhalt der Information einlegen. Diese Frist dient der Klarheit: Betriebsverkäufer und -erwerber sollen in einem überschaubaren Zeitraum erfahren, welche Arbeitsverhältnisse bestehen bleiben. Dabei können Mitarbeiter ihren Widerspruch gegenüber dem bisherigen Arbeitgeber oder dem neuen Inhaber äußern.

Wichtig: Der Widerspruch muss vom Mitarbeiter unbedingt schriftlich erfolgen.

Hat ein Mitarbeiter dem Wechsel zum neuen Inhaber widersprochen, bleibt sein Arbeitsverhältnis unverändert beim bisherigen Arbeitgeber bestehen. Das ist allerdings mit dem Risiko des Arbeitsplatzverlustes verbunden. Hat der bisherige Arbeitgeber nämlich keinen Job mehr für diesen Mitarbeiter (weil er beispielsweise seinen Betrieb vollständig verkauft), ist die Kündigung sozial gerechtfertigt.

Problematisch wird es für den alten Arbeitgeber, wenn nur Betriebsteile übergeben werden. Denn dann ist der Mitarbeiter unter Umständen beim bisherigen Arbeitgeber weiterzubeschäftigen. Das ist jedoch nur möglich, wenn er vorher Widerspruch gegen den Wechsel erhoben hat.

Müssen Arbeitgeber den Gewerkschaftsbesuch tolerieren?

Stehen in einem Unternehmen Veränderungen an und verfügt der Betrieb über einen Betriebsrat, finden zwischen beiden Seiten regelmäßige Treffen statt, in denen der Arbeitgeber seinen Betriebsrat umfassend über die Veränderungen informiert.

Kommt es dabei zu Auseinandersetzungen, weil der Betriebsrat damit nicht einverstanden ist, oder benötigt er dabei die Unterstützung der Gewerkschaft, kann er sie einschalten. Müssen Arbeitgeber akzeptieren, dass sich beide Parteien im Unternehmen treffen oder kann er den Gewerkschaftsbesuch im Betrieb verbieten?

Grundsätzlich dürfen Gewerkschaftsmitglieder einen Betrieb betreten. Der § 2 des Betriebsverfassungsgesetzes (BetrVG) erlaubt es ihnen – und daran müssen sich Arbeitgeber halten, vorausgesetzt, es geht bei diesem Besuch um die im Gesetz genannten Aufgaben und Befugnisse. Und weil Gewerkschaften eine allgemeine Unterstützungspflicht haben, ist ihr Betretungsrecht sehr umfassend und weit.

Wichtig: Existieren im Unternehmen Sicherheitsvorschriften und müssen Betriebsgeheimnisse geschützt werden, muss der Betriebsrat überlegen, wie die Gewerkschaft unter Berücksichtigung der Umstände dennoch kommen kann.

Für einen reibungslosen Ablauf muss der Betriebsrat einerseits den Arbeitgeber vorab informieren (eine mündliche Mitteilung reicht dabei aus). Andererseits muss er alle Vorkehrungen dafür treffen, dass der Besuch weder den Betriebsablauf noch den Betriebsfrieden stört.

Ist ein Betriebsratsmitglied zugleich auch Gewerkschaftsmitglied, so ist damit die Gewerkschaft im Unternehmen vertreten. Das ist von Bedeutung, wenn eine Betriebsversammlung im Unternehmen ansteht. Denn die Gewerkschaft hat ein Teilnahmerecht an Betriebsversammlungen, was auch das Rede- und Beratungsrecht beinhaltet.

Dürfen Chefs ihre Mitarbeiter analysieren?

Wie heißt es so schön: Jeder Jeck is anders! Um seine Mitarbeiter daher besser verstehen zu können, führen Arbeitgeber gern Persönlichkeitsanalysen durch. Doch dürfen sie ihre Beschäftigten analysieren?

Mit Persönlichkeitsanalysen lassen sich Entwicklungen und Verhaltensweisen von Menschen untersuchen. Sie stellen also einen Eingriff in die Persönlichkeitsrechte dar. Daher ist der Einsatz von solchen Analysen für Arbeitgeber rechtlich sehr riskant. Denn neben den Persönlichkeitsrechten müssen Arbeitgeber hier auch den Datenschutz beachten.

Wichtig: Möchte ein Arbeitgeber bei seiner Belegschaft solche Analysen durchführen, sollte er umfassend erklären können, was konkret analysiert wird, warum er diese Analyse durchführen möchte und vor allem, wer die erhobenen Daten einsehen und auswerten wird.

Ebenfalls relevant ist, was anschließend mit den erhobenen Daten geschieht. Rechtlich sinnvoll ist, wenn ausgewählte Personen aus der Personalabteilung sich mit diesen sensiblen Daten beschäftigen, sie auswerten und anschließend auch löschen. Ferner sollte das Analyseergebnis auch nur von dem betreffenden Mitarbeiter und seinem direkten Vorgesetzten (eventuell auch der Geschäftsführung) einsehbar sein.

Tipp: Sensible Daten sollten grundsätzlich geschützt werden. Daher ist es sinnvoll, wenn Arbeitgeber für solche Analysen den richtigen Rahmen schaffen. Das heißt, Mitarbeiter sollten umfassend über den gesamten Prozess schriftlich informiert werden sowie ihre Einverständniserklärung (oder Ablehnung) dazu abgeben können.

Dürfen Chefs Mediatoren einschalten?

Sind Auseinandersetzungen festgefahren, kommt es in der Regel nicht mehr zu einer friedvollen Einigung. Daher setzen Arbeitgeber bei hartnäckigen Konflikten immer häufiger auf Mediatoren. Doch müssen sich Mitarbeiter darauf einlassen, oder dürfen sie die Arbeit mit ihnen ablehnen?

Sind Konflikte festgefahren, hilft am Ende nur noch eine neutrale Person, die versucht, die Streithähne durch geeignete Maßnahmen zur Einsicht zu bringen. Dafür erhalten beide Seiten ausreichend Zeit, die Hintergründe ihrer Auseinandersetzung vorzutragen, mit dem Ziel, am Ende eine verbindliche Vereinbarung zu treffen. Wie die konkret aussieht, entscheiden beide gemeinsam.

Der Vorteil einer Mediation ist, dass die streitenden Parteien gemeinsam eine Vereinbarung treffen. Wird die nämlich von einer übergeordneten Person wie beispielsweise einem Richter getroffen, ist der Streit noch lange nicht beigelegt, was nicht sinnvoll ist, da bei der dauerhaften Streitbeilegung der Betriebsfrieden im Vordergrund steht.

Wichtig: Die Teilnahme an der Mediation muss unbedingt freiwillig erfolgen. Denn hier geht es um das gemeinsame Erarbeiten einer Lösung. Und die ist unter Druck kaum zu erreichen.

Ein weiterer Vorteil einer Mediation ist, dass ein mögliches Machtgefüge zwischen den Streithähnen aufgehoben wird: Hier treffen sich beide auf Augenhöhe. Der Mediator ist da, um regulierend einzugreifen, wenn einer den anderen beispielsweise nicht zu Wort kommen lässt.

Eine Mediation als Konfliktbewältigung wird auch immer häufiger von Arbeitsgerichten angewandt. Das heißt, der Prozess wird unterbrochen, um zu schauen, ob eine Mediation die Lösung bringen kann. Kommt es nicht zu einer Einigung, kann der Prozess wieder aufgenommen werden.

3. Kapitel

Die Arbeitszeit

Darf der Chef die Arbeitszeit einfach verändern?

Die Arbeitszeit ist die Zeit, während der Mitarbeiter im Rahmen ihres Arbeitsverhältnisses tätig sind. Grundlage dafür ist in Deutschland das Arbeitszeitgesetz (ArbZG), was die Zeit von Beginn bis zum Ende der Arbeit (ohne die Pausen) definiert.

»Näher bestimmen dürfen Arbeitgeber Inhalt, Ort und Zeit der Arbeitsleistung nach billigem Ermessen ...« heißt es im § 106 der Gewerbeordnung. Das heißt, Unternehmen können auch die Lage der Arbeitszeit nach eigenem Ermessen festlegen. Vorausgesetzt, im Arbeitsvertrag steht nur die Dauer der regelmäßigen Arbeitszeit und nicht die konkrete Einsatzzeit – also, an welchen Tagen und ab wann der Arbeitnehmer zu arbeiten hat. Dann dürfen Arbeitgeber die Arbeitszeit auf die einzelnen Arbeitstage verteilen.

Wichtig: Möchte ein Arbeitgeber die Arbeitszeit verändern, sollte er generell Rücksicht auf die Belange seiner Mitarbeiter nehmen. Die Veränderung sollte nicht zu einer unangemessenen Benachteiligung für Mitarbeiter führen.

Nicht verändern dürfen Arbeitgeber die Arbeitszeit, wenn diese genau im Arbeitsvertrag festgelegt wurde oder ein Tarifvertrag, eine Betriebsvereinbarung oder eine gesetzliche Vorschrift ausdrücklich etwas anderes vorsehen. Dann sind Unternehmen daran gebunden.

Gehört die Rufbereitschaft zur Arbeitszeit?

Die Rufbereitschaft ist keine Arbeitszeit, sondern lediglich die Verpflichtung eines Mitarbeiters, sich außerhalb seiner üblichen Arbeitszeit für einen Arbeitseinsatz bereitzuhalten. Er wird nur im Fall eines Einsatzes zur Arbeit aufbrechen müssen. Bei der Rufbereitschaft müssen Mitarbeiter also außerhalb ihrer Arbeitszeit auf Abruf zur Verfügung stehen. Dafür müssen sie sich aber nicht notwendigerweise an ihrem Arbeitsplatz aufhalten, sondern müssen lediglich telefonisch erreichbar sein sowie sich in der Nähe des Arbeitsplatzes aufhalten. Gemäß § 5 des Arbeitszeitgesetzes ist die Rufbereitschaft Ruhezeit. Erst wenn der Mitarbeiter tatsächlich einen Einsatz hat, gilt dieser als Arbeitszeit – inklusive der Fahrtzeit. Und erst dann muss der Arbeitgeber dem Mitarbeiter die Zeit bezahlen.

Wichtig: Zwischen dem Ende des letzten Einsatzes und dem nächsten Arbeitstag muss die gesetzlich vor-

geschriebene Ruhezeit von elf Stunden eingehalten werden.

Arbeitgeber können die Rufbereitschaft jedoch nicht ohne Weiteres anordnen. Dafür braucht es eine Regelung, die im Arbeits-, im Tarifvertrag oder in einer Betriebsvereinbarung getroffen werden muss. Und in Betrieben mit Betriebsrat hat dieser ein Mitbestimmungsrecht.

Darf ein Unternehmen plötzlich eine Stempeluhr einführen?

Es gibt Arbeitgeber, denen die ergebnisorientierte Arbeitsweise wichtig ist. Die setzen in der Regel auf die Vertrauensarbeitszeit. Allerdings gibt es auch Unternehmen, die sich mit der Arbeitskontrolle in Form einer Stempeluhr besser fühlen. Dürfen Arbeitgeber von heute auf morgen eine Kontrolle in Form einer Stempeluhr einführen?

Möchte ein Arbeitgeber eine Arbeitszeiterfassung etwa durch eine Stempeluhr einführen, muss er das allgemeine Persönlichkeitsrecht, das Landesdatenschutzgesetz (LDSG), das Bundesdatenschutzgesetz (BDSG) sowie das Telekommunikationsgesetz (TKG) beachten. Und weil ein Betriebsrat bei dem Thema Arbeitszeit ein Mitbestimmungsrecht hat, muss er bei der Entscheidung und Einführung einer Stempeluhr beteiligt werden. Denn der Betriebsrat ist dazu da, die Interessen der Mitarbeiter zu vertreten.

Und weil Arbeitgeber bei der Einführung einer Stempeluhr weder unberechtigte Daten erheben noch die Privatsphäre ihrer Mitarbeiter verletzen dürfen, ist – sofern vorhanden – der Betriebsrat jederzeit zur Überprüfung berechtigt.

Wichtig: Arbeitgeber müssen gewährleisten können, dass die erhobenen Daten nur für die Zeiterfassung genutzt und nur so lange wie nötig gespeichert werden sowie nur von Mitarbeitern einzusehen sind, die die Berechtigung haben.

Dürfen Mitarbeiter während der Arbeitszeit zum Arzt gehen?

Fällt ein Mitarbeiter im Arbeitsalltag plötzlich krankheitsbedingt aus, stellt das Arbeitgeber vor die Herausforderung, den Ausfall ad hoc aufzufangen. Nicht immer lässt sich der Ausfall sofort (noch während der Arbeitszeit) auffangen. Was aber ist, wenn ein Mitarbeiter während der Arbeitszeit zum Arzt gehen möchte?

An sich ist der Gang zum Arzt Privatsache. Hat eine Arztpraxis sehr ungünstige Öffnungszeiten, müssen Mitarbeiter für den Arztbesuch Überstunden oder einen ganzen Tag Urlaub nehmen – in Absprache mit dem Arbeitgeber versteht sich.

Erkrankt ein Mitarbeiter während der Arbeitszeit akut, sollte der Arbeitgeber darauf bestehen, dass sein Mitarbeiter zum Arzt geht. Denn seine Fürsorgepflicht, die er gegenüber seinen Mitarbeitern hat, verpflichten ihn dazu.

Ist eine Untersuchung während der Arbeitszeit unbedingt notwendig und unvermeidbar, dürfen Mitarbeiter nach Absprache mit dem Arbeitgeber auch während ihrer Arbeitszeit gehen. Dann sollten sie sich das allerdings auch von ihrem Arzt bestätigen lassen. Teilzeitkräfte betrifft das nicht. Die sind in erster Linie verpflichtet, ihre Arztbesuche in ihre arbeitsfreie Zeit zu legen.

Müssen Mitarbeiter generell Überstunden leisten?

Im Schnitt arbeitet der deutsche Arbeitnehmer gut 40,5 Stunden pro Woche. In vielen Branchen hat der klassische 8-Stunden-Tag jedoch ausgedient, und die Mitarbeiter arbeiten zehn, zwölf Stunden täglich. Und weil der Leistungsdruck steigt, arbeiten viele Mitarbeiter am Limit – und schaden langfristig ihrer Gesundheit. Doch wie viele Überstunden darf der Chef anordnen?

Ob Mitarbeiter Überstunden leisten müssen, hängt zunächst davon ab, was in ihrem Arbeitsvertrag steht. Fehlt eine konkrete Überstundenregelung, sind sie auch nicht zur Mehrarbeit verpflichtet. Dann müssen sie nur in Notfällen ran. Das ist beispielsweise der Fall, wenn eine für die Produktion notwendige Maschine ausfällt und ein Mitarbeiter der Einzige ist, der diese reparieren kann. Schwankende Auftragslagen aber gelten nicht als Notfall.

Die meisten Arbeitgeber regeln in ihren Arbeitsverträgen aber nicht nur die Arbeitszeit, sondern auch die Mehrarbeit sowie den Zeitrahmen, in dem Überstunden vorher anzukündigen sind. Der Grund ist simpel: Das Arbeitszeitgesetz sieht nämlich eine Höchstarbeitszeit von werktäglich (Montag bis Samstag) acht Stunden vor. Die darf um zwei weitere Stunden verlängert werden – vorausgesetzt, der Arbeitgeber überschreitet die Arbeitszeit von acht Stunden werktäglich nicht innerhalb von sechs Kalendermonaten bzw. 24 Wochen.

Unterstützung erhalten Mitarbeiter hier von den Arbeitsgerichten. Das Gericht in Frankfurt/Oder zum Beispiel hat in einem Fall entschieden (Az.: 7 Ca 3154/04), dass ein Arbeitgeber seine Mitarbeiter mindestens vier Tage im Voraus über anstehende Überstunden zu informieren hat. Denn Mitarbeiter müssen ein Mindestmaß an Gestaltungsmöglichkeiten für ihr Privatleben haben.

Müssen Verspätungen aufgrund von Glatteis nachgearbeitet werden?

Verschlafen, Bahn verpasst, extreme Witterungsverhältnisse – es gibt viele Gründe, warum Mitarbeiter es nicht pünktlich zur Arbeit schaffen. Wie geht man im Arbeitsleben mit Verspätung aufgrund von »höherer Gewalt« um? Müssen Mitarbeiter einen Ausfall aufgrund von Witterungsverhältnissen nacharbeiten?

Ja! Kommen Mitarbeiter witterungsbedingt zu spät zur Arbeit, müssen sie die Zeit nacharbeiten. Wer das nicht kann oder möchte, muss einen entsprechenden Lohnabzug akzeptieren. Dazu sind Arbeitgeber berechtigt.

Leider geistert noch immer das Argument durch die Welt, dass Glatteis höhere Macht sei und Mitarbeiter dafür nichts können. Das ist falsch. Jeder Mitarbeiter ist verpflichtet, sich rechtzeitig auf den Weg zu machen. Wenn der Weg im Winter aufgrund der Witterung länger dauert, müssen Mitarbeiter früher losfahren.

Müssen Mitarbeiter nach einer langen Krankheit sofort voll arbeiten?

Ob Krebserkrankung, ein schwerer Knochenbruch mit anschließender Reha oder eine hartnäckige Viruserkrankung: Kehrt ein Mitarbeiter nach einer langen Krankheitsphase an den Arbeitsplatz zurück, dann ist er meist nicht in der Lage, sofort wieder einen 8-Stunden-Tag zu bewältigen. Daher gibt es spezielle Programme zur Wiedereingliederung wie beispielsweise das »Betriebliche Eingliederungsmanagement« (BEM).

Den Anfang macht das sogenannte Krankenrückkehrgespräch im Rahmen des BEM-Verfahrens: Arbeitgeber und Mitarbeiter legen gemeinsam fest, wie der stufenweise gestaltete Wiedereinstieg aussehen kann. Das kann in einem persönlichen Gespräch oder per Fragebogen erfolgen.

Dabei ist ein persönliches Gespräch sinnvoller als ein Fragebogen, denn das Ziel des Gespräches ist auch, herauszufinden, was einerseits die Ursache für die lange Abwesenheit war, und andererseits welche arbeitsplatzbezogenen Maßnahmen zukünftig ergriffen werden können, damit die Gefahr einer erneuten Erkrankung reduziert werden kann. Wichtig ist das vor allem dann, wenn die Ursache der Arbeitsunfähigkeit im Betrieb lag (zum Beispiel Arbeitsunfall, Mobbing, Burnout usw.).

Wichtig: *Mitarbeiter sind nicht verpflichtet, Fragen nach der Ursache ihrer Erkrankung zu beantworten. Solche Fragen verletzen das Persönlichkeitsrecht des Mitarbeiters.*

Besser aber ist es für Mitarbeiter, hier ehrlich zu sein und mitzuteilen, was konkret sie am Arbeitsplatz belastet und krank gemacht hat. Wer in sein altes Muster verfällt, geht das Risiko ein, erneut aufgrund der alten Probleme zu erkranken. Droht allerdings durch die Erkrankung eine Ansteckungsgefahr für die Kollegen, muss der Mitarbeiter generell wahrheitsgemäß antworten. Existiert im Unternehmen ein Betriebsrat, muss dieser über das Gespräch informiert werden. Denn der darf über den Gesprächsablauf mitentscheiden.

Tipp: Mitarbeiter dürfen ein Betriebsratsmitglied zum Gespräch mitbringen.

Müssen Arbeitgeber das Gehalt während einer Kur zahlen?

Wer zu einer Kur fährt, fährt in der Regel nicht in den Urlaub, sondern absolviert einen auf seine Gesundheit ausgerichteten Aufenthalt in einer entsprechenden Einrichtung. Wird dieser Aufenthalt von der Krankenkasse oder einem Sozialversicherungsträger bewilligt, gilt der Mitarbeiter als nicht arbeitsfähig. Die Kur erfolgt also infolge einer medizinischen Rehabilitation.

Erfolgt die Kur in einer Einrichtung der medizinischen Vorsorge und Rehabilitation, besteht für Arbeitgeber nach § 9 Entgeltfortzahlungsgesetz die Pflicht zur Entgeltfortzahlung. Dann muss der Mitarbeiter – wie bei einer Arbeitsunfähigkeit grundsätzlich – mit einer Bescheinigung seiner Krankenkasse oder einem ärztlichen Attest belegen, dass der Kuraufenthalt notwendig und bewilligt ist.

Wichtig: Mitarbeiter müssen unverzüglich nach der Bewilligung der Kur ihrem Arbeitgeber die Bescheinigung vorlegen sowie den Zeitpunkt des Kurantritts mitteilen. Aus der Bescheinigung muss ebenfalls hervorgehen, bis wann die Kur voraussichtlich dauern wird.

Und dauert der Kuraufenthalt länger als gedacht, müssen Mitarbeiter ebenfalls sofort ihrem Arbeitgeber eine weitere Bescheinigung übermitteln.

Zählt auf Dienstreisen die gesamte Abwesenheit von zu Hause als Arbeitszeit?

Es gibt Dienstreisen, die stellen keine Belastung dar: Man hat mit netten Menschen zu tun, ist in einem schönen Hotel untergebracht und wird gut verpflegt. Und dann gibt es Reisen, die sind eine Qual: Man hetzt bei heißen Sommertemperaturen von einem Termin zum anderen, die Schuhe drücken, die Verhandlungen ziehen sich in die Länge und die Unterkunft ist eine Zumutung. So oder so, der Mitarbeiter ist von zu Hause weg und im Auftrag seines Arbeitgebers unterwegs. Zählt dann aber trotzdem alles als Arbeitszeit oder muss der Arbeitnehmer hier Abstriche machen?

Die Richter der verschiedenen Arbeitsgerichte in Deutschland sind sich hier nicht immer einig. Und Arbeitsrecht ist Richterrecht. Daher ist die Frage nur im Individualfall rechtssicher zu beantworten.

Grundsätzlich gilt: Wer zwischen mehreren Einsatzorten pendelt, nutzt dafür seine reguläre Arbeitszeit. Denn die Fahrten zwischen den verschiedenen Orten sind ein wesentlicher Teil der arbeitsvertraglichen Pflichten und gehören daher zur Arbeitsleistung des Mitarbeiters.

Das betrifft vor allem Berufskraftfahrer, Kundendiensttechniker oder auch Außendienstmitarbeiter, die nicht über einen festen Arbeitsort verfügen. Bei Außendienstmitarbeitern beispielsweise steht nicht die Arbeitszeit im Vordergrund, sondern der Verkauf. Daher werden sie in der Regel erfolgs- oder leistungsabhängig bezahlt.

Bei Berufskraftfahrern beispielsweise zählen zur Arbeitszeit die Lenkzeiten, die Be- und Entladezeiten, Reinigungs- und Wartungsarbeiten sowie die Wartezeiten. Die Ruhepausen und auch Bereitschaftszeiten jedoch zählen nicht zur Arbeitszeit.

Wer auf Dienstreise geht, um zum Beispiel Kunden oder eine Messe zu besuchen, ist oft tagelang unterwegs. Zur Arbeitszeit gehören daher die An- und Abreise, die Termine vor Ort sowie die Zeit, um unterwegs Termine vor- oder nachzubereiten.

In all diesen Fällen müssen Arbeitgeber diese Zeiten auch vergüten. Das heißt, fallen Überstunden an, dann müssen diese ebenfalls bezahlt bzw. mit Freizeit ausgeglichen werden.

Wichtig: Wie eingangs erwähnt, gibt es auch Ausnahmen. Denn nach Auffassung des Bundesarbeitsgerichts kann auch nur ein Teil der Reisezeit vergütet werden – nämlich die Zeit, in der dann im Zug oder Flugzeug gearbeitet wird.

Darf der Chef plötzlich Kurzarbeit anordnen?

Geht es einem Unternehmen wirtschaftlich schlecht, ordnen Arbeitgeber zur Rettung des Betriebes nicht selten eine vorübergehende Reduzierung der Arbeitszeit oder gar vorübergehend das vollständige Einstellen der Arbeit an. Die Kurzarbeit ist demnach für Unternehmen eine Alternative zur Entlassung und für Mitarbeiter eine Alternative zur Arbeitslosigkeit.

Und obwohl der Arbeitsvertrag zwischen Arbeitgeber und Mitarbeiter weiterbesteht, bedeutet der Arbeitsausfall für Mitarbeiter eine Teilarbeitslosigkeit. Daher erhalten Mitarbeiter auch vom Arbeitsamt während der Kurzarbeit das Kurzarbeitergeld, was teilweise den ausgefallenen Lohn auffangen soll.

Das heißt aber nicht, dass Arbeitgeber Kurzarbeit einfach anordnen können. Dafür muss einerseits die wirtschaftliche Grundlage gegeben sein. Fehlende Aufträge oder eine Umstrukturierung des Betriebes auf eine neue Produktpalette rechtfertigen beispielsweise die Kurzarbeit. Andererseits muss die rechtliche Grundlage bestehen, das heißt, eine Betriebsvereinbarung oder der Arbeits- bzw. Tarifvertrag enthält eine Klausel zur Einführung von Kurzarbeit.

Wichtig: Lassen sich Mitarbeiter einfach auf die Kurzarbeit ein, akzeptieren sie sie stillschweigend. Widersprechen sie ihr, können Arbeitgeber die Kurzarbeit nicht einfach anordnen. Dann können sie diese Mitarbeiter nur per Änderungskündigung an die neuen Arbeitsbedingungen heranführen.

Haben Mitarbeiter das Recht auf freie Tage, wenn ein naher Angehöriger erkrankt?

Eine Krankheit betrifft und belastet nicht nur den Erkrankten, sondern möglicherweise auch seine nahen

Angehörigen, die sich um ihn während der Krankheit kümmern müssen. Hat ein naher Angehöriger in solchen Fällen das Recht auf freie Tage, um sich um den Kranken zu sorgen?

Ja. Das Arbeitsrecht regelt eine solche kurzzeitige Arbeitsverhinderung im § 2 des Pflegezeitgesetzes: Arbeitnehmer können in solchen Notsituationen kurzfristig bis zu zehn Tage ihrem Arbeitsplatz fernbleiben.

Möchte ein Mitarbeiter einem Angehörigen **kurzfristig** zur Seite stehen, sollte er seinen Arbeitgeber unverzüglich über die voraussichtliche Dauer informieren sowie eine Bescheinigung über die Pflegebedürftigkeit des nahen Angehörigen und die Erforderlichkeit dieser Maßnahme vorlegen.

Wichtig: Mitarbeiter haben für diesen Befreiungszeitraum keinen Anspruch auf ihren Lohn. Allerdings haben Beschäftigte seit dem 1. Januar 2015 einen Anspruch auf Pflegeunterstützungsgeld, was von der gesetzlichen Pflegeversicherung gezahlt wird.

Möchte ein Mitarbeiter einen Angehörigen **langfristig** pflegen, stehen ihm verschiedene Möglichkeiten offen: Mit der Pflegezeit kann er sich bis zu sechs Monate vollständig oder in Teilzeit freistellen lassen. Mit der Familienpflegezeit kann er über einen Zeitraum von 24 Monaten seine Arbeitszeit auf 15 Wochen-

stunden reduzieren. Und möchte er einen nahen Angehörigen in der letzten Lebensphase begleiten, kann
er sich vollständig oder in Teilzeit maximal drei
Monate freistellen lassen.

Müssen Mitarbeiter an gesetzlichen Feiertagen arbeiten?

Ausschlafen, ausgiebig frühstücken, zum Sport gehen
oder einen Spaziergang machen: Viele Mitarbeiter
freuen sich auf ihr freies Wochenende. Doch viele
Arbeitnehmer sind in einem Beruf tätig, bei dem sie
auch an Sonn- und Feiertagen arbeiten müssen.

Geregelt werden die Arbeitszeiten in Deutschland
im Arbeitszeitgesetz. Das erlaubt die Arbeit an Sonn-
und Feiertagen allerdings nur, wenn die Arbeit nicht
an Werktagen (dazu gehört auch der Samstag!) erledigt
werden kann. Betroffen sind von Sonn-, Feiertags-
und Nachtarbeit zum Beispiel Pflegeberufe und die
Gastronomie.

*Wichtig: Ist die Arbeitszeit im Arbeitsvertrag aus-
drücklich von Montag bis Freitag festgelegt, darf an
Sonn- und Feiertagen nicht gearbeitet werden. Ferner
gilt ein Arbeitsverbot an Sonn- und Feiertagen sowie
in der Nacht für schwangere oder stillende Mitarbeiterinnen.*

Gehört das Anziehen von Dienstkleidung zur Arbeitszeit?

Dienstkleidung kann aus hygienischen Gründen (etwa bei Köchen oder im Krankenhaus) notwendig sein. Sie kann aber auch der Identifikation dienen. Das ist beispielsweise bei Polizisten oder auch Schornsteinfegern der Fall. Oder sie wird zur Corporate Identity eingesetzt, wie es zum Beispiel Unternehmen wie Ikea tun.

Wo und wann der Mitarbeiter seine Dienstkleidung an- und auszieht, ist ihm im Grunde selbst überlassen. Ob das zur Arbeitszeit gehört oder nicht, ist immer wieder Gegenstand von Auseinandersetzungen zwischen Arbeitgeber und -nehmer.

Ist die vorgeschriebene Dienstkleidung auffällig oder stark verschmutzt, gehören das An- und Ausziehen der Dienstkleidung zur Arbeitszeit. Zwei Urteile unterstützen hier Mitarbeiter. Das Bundesarbeitsgericht sprach in einem Urteil (Az.: 1 ABR 54/08) den Mitarbeitern eines großen Einrichtungshauses, die zum Tragen von blau-gelber Dienstkleidung verpflichtet waren, das Recht zu, vor dem Anziehen der Dienstkleidung einzustempeln und nach dem Ausziehen auszustempeln. Denn die Dienstkleidung war so auffällig, dass Mitarbeiter in der Öffentlichkeit dem Unternehmen zuzuordnen waren. Das An- und Ausziehen der Dienstkleidung gehörte also zur Arbeitszeit.

Auch das Hessische Landesarbeitsgericht unterstützte mit einem Urteil Arbeitnehmer (Az.: 16 Sa 494/15): Ein Mitarbeiter eines Müllheizkraftwerks war zum Tragen von Schutzkleidung verpflichtet. Weil die Kleidung zum Feierabend derart verdreckt war, reinigte der Arbeitgeber diese regelmäßig. Als der Mitarbeiter das An- und Ausziehen dieser Schutzkleidung während seiner Arbeitszeit erledigen wollte, kam es zum Streit zwischen Arbeitgeber und Mitarbeiter. Auch hier wurde zugunsten der Mitarbeiter entschieden: Einerseits war das Tragen der Schutzkleidung Pflicht und sie durfte erst im Betrieb angezogen werden. Andererseits war sie derart verschmutzt, dass man damit aus hygienischen Gründen weder im eigenen Fahrzeug noch mit öffentlichen Verkehrsmitteln nach Hause fahren konnte.

Wichtig: Wer Dienstkleidung tragen muss, die auffällig aussieht oder stark verschmutzt ist, kann das An- und Ausziehen als Arbeitszeit anrechnen.

Für Polizisten aber gilt das nur teilweise. Während das Anziehen ihrer Uniform nicht zur Dienstzeit zählt, gehört das Anlegen der persönlich zugewiesenen Ausrüstungsgegenstände wie Waffe und Holster dazu.

4. Kapitel

Der Urlaub

Wie viele Urlaubstage müssen Arbeitgeber gewähren?

In der Regel regelt der Arbeitsvertrag den Erholungsurlaub. Tarifverträge oder Betriebsvereinbarungen
enthalten allerdings oft günstigere Bestimmungen für
Mitarbeiter. Wie viele Urlaubstage müssen Arbeitgeber ihren Mitarbeitern mindestens gewähren?

Das Gesetz verlangt bei einer Sechs-Tage-Arbeits-
woche einen Mindesturlaub von 24 Werktagen. Im
Falle einer Fünf-Tage-Arbeitswoche beträgt der Mindesturlaub entsprechend 20 Werktage. Sonderrege-
lungen gelten für Jugendliche bis 17 Jahre (bis zu
30 Werktage Mindesturlaub) und Schwerbehinderte,
die einen Anspruch auf fünf zusätzliche Werktage
haben.

Dürfen Mitarbeiter ihren Jahresurlaub am Stück nehmen?

Das Bundesurlaubsgesetz verlangt von Arbeitgebern,
dass sie ihren Mitarbeitern den Erholungsurlaub
grundsätzlich zusammenhängend gewähren. Mindestens aber müssen sie ihnen zwölf aufeinander folgende
Werktage (einschließlich der Samstage) gewähren.

Wünscht sich der Arbeitgeber eine kürzere Aufteilung, muss der Mitarbeiter zustimmen.

Das bedeutet, Mitarbeiter können darauf bestehen, ihren gesamten Urlaub zusammenhängend zu nehmen. Denn der Erholungseffekt, den ein Urlaub haben soll, setzt bekanntlich erst nach einer gewissen Zeit ein.

Allerdings können Arbeitgeber dem Wunsch ihrer Mitarbeiter einen Strich durch die Rechnung machen. Und zwar dann, wenn »dringende betriebliche oder in der Person des Arbeitnehmers liegende Gründe« eine Teilung der Urlaubstage erforderlich machen.

Können Arbeitgeber Mitarbeiter zwingen, den Jahresurlaub einzureichen?

Wann Mitarbeiter ihren Urlaubsantrag einreichen, liegt allein in ihrem Ermessen – sofern es keine anderslautenden ausdrücklichen Regelungen hierzu gibt. Allerdings müssen Arbeitgeber auch nicht warten, bis das Jahr fast rum ist und plötzlich alle Mitarbeiter ihren Urlaub einreichen und nehmen wollen.

Das heißt, reicht kein Mitarbeiter seinen Urlaub ein, können Arbeitgeber den Urlaub ihrer Arbeitnehmer eigenverantwortlich festlegen – und sollten es sogar. Akzeptieren müssen Mitarbeiter das allerdings nicht. Denn sie haben ein sogenanntes Annahmeverweigerungsrecht. Dann müssen Arbeitgeber – möglichst unter Beachtung der dann erzielten Erkenntnisse – den Urlaub zeitlich anders festlegen.

Arbeitgeber haben jedoch auch ein Verweigerungsrecht (§ 7 Bundesurlaubsgesetz): Leidet ein Unternehmen unter einem erheblichen personellen Engpass (in Saisonbetrieben ist das zum Beispiel häufig während der Saison der Fall), können Arbeitgeber den Urlaubsantrag eines Mitarbeiters ablehnen. Vorausgesetzt, der Engpass ist wirklich erheblich und nachweisbar.

Darf ein Arbeitgeber Betriebsferien anordnen?

Die meisten Unternehmen sind das ganze Jahr aktiv. Es gibt aber immer noch Branchen, in denen Betriebsferien existieren. So machen beispielsweise viele Möbelhersteller vor allem in den Sommermonaten Betriebsferien, da der Verbraucher in dieser Zeit eher Geld für Urlaub als für Möbel ausgibt. Mitarbeitern macht dieser Umstand ihre Urlaubsplanung nicht einfacher.

Daher lösen Betriebsferien in den seltensten Fällen bei Mitarbeitern Begeisterung aus. In der Regel möchten sie selbst festlegen, wann sie ihren Urlaub nehmen. Doch hier gibt es Entwarnung: Den gesamten Jahresurlaub dürfen Arbeitgeber nicht als Betriebsferien anordnen. Über zwei Fünftel ihres Jahresurlaubs müssen Mitarbeiter frei verfügen können.

Möchte ein Unternehmen Betriebsferien einführen, muss es nach § 7 des Bundesurlaubsgesetzes dringende betriebliche Gründe vorweisen können. Das ist zum Beispiel der Fall, wenn ein Mediziner in den Urlaub geht und seine Arztpraxis in dieser Zeit schließt. Dann brauchen auch die Arzthelfer nicht erscheinen, da sie ohne den Arzt ja nichts zu tun haben. Gleiches gilt für Ein-Mann-Bäckereien und ähnliche Betriebe.

Existiert ein Betriebsrat, muss dieser zustimmen, in welchem Rahmen Betriebsferien möglich sind. Dafür schließen Arbeitgeber und Betriebsrat in der Regel eine Betriebsvereinbarung. Stimmt der Betriebsrat nicht zu, darf der Arbeitgeber auch keine Betriebsferien anordnen.

Dürfen Arbeitgeber Reisen in unsichere Urlaubsgebiete verbieten?

Es gibt Länder mit einer extrem hohen Kriminalitätsrate, einer instabilen politischen Lage oder akuter Terrorgefahr. Das sind keine üblichen Urlaubsländer. Dürfen Arbeitgeber ihren Mitarbeitern einen Aufenthalt in solch einem Land verbieten?

Nein, denn die Urlaubsplanung von Mitarbeitern

ist reine Privatsache. Selbst wenn es für ein Urlaubsland eine vom Auswärtigen Amt ausgesprochene Reise-
warnung gibt, können Arbeitgeber ihren Mitarbeitern
die Reise dorthin nicht verbieten. Solche Eingriffe in
das Persönlichkeitsrecht von Mitarbeitern sind tabu.

Aber auch hier gilt: Ohne Arbeit kein Lohn. Wenn
ein Mitarbeiter verspätet aus dem Urlaub zurückkehrt,
müssen Arbeitgeber für diese Zeit keinen Lohn zahlen.
Denn das Wegerisiko tragen grundsätzlich die Mitarbeiter selbst. So war es beispielsweise auch, als viele
Menschen aufgrund des Ausbruchs des Eyjafjallajökull-
Vulkans nicht rechtzeitig aus dem Urlaub zurückkehren konnten, weil diverse Flugrouten gesperrt waren.

Eine gesetzliche Ausnahme gibt es allerdings: Ist
die Rückkehr durch einen persönlichen, aber unver-
schuldeten Umstand nicht möglich – etwa wenn eine
Auseinandersetzung mit einer Behörde die Rückkehr
verzögert –, muss der Arbeitgeber dem Mitarbeiter
seinen Lohn aufgrund des § 616 des Bürgerlichen Gesetzbuches trotzdem zahlen; dies aber nur, wenn es
sich hierbei um einen verhältnismäßig geringen Zeitraum von ein bis maximal fünf Tagen handelt. Ein
wochen- oder gar monatelanges Fernbleiben, wie es
beispielsweise im Falle einer Entführung möglich ist,
fällt nicht darunter.

*Wichtig: Ein Blick in den Arbeitsvertrag lohnt sich,
denn Arbeitgeber können die Anwendbarkeit des*

§ 616 des Bürgerlichen Gesetzbuches ausdrücklich aus-
schließen. Das heißt, hat der Arbeitgeber den § 616
im Arbeitsvertrag ausgeschlossen, erhält der Mitarbei-
ter für die fehlenden Tage keinen Lohn bzw. muss
Urlaub für die Abwesenheitszeit nehmen.

Abmahnen oder gar verhaltensbedingt kündigen
kann der Arbeitgeber nur, wenn sein Mitarbeiter die
verspätete Rückkehr selbst verschuldet hat. Das ist
beispielsweise der Fall, wenn der Mitarbeiter weit zuvor weiß, dass am Rückreisetag der Flughafen gesperrt
ist. Kümmert er sich dann nicht um eine frühere
Rückreisemöglichkeit, um pünktlich am Arbeitsplatz
zu erscheinen, sind arbeitsrechtliche Sanktionen möglich.

Dürfen Arbeitgeber ihren Mitarbeitern Bildungsurlaub verweigern?

Eine gute Bildung ist Grundlage für das berufliche
Weiterkommen. Deshalb fördert der Staat auch Wei-
terbildungsmaßnahmen von Mitarbeitern. Davon pro-
fitieren schließlich auch Arbeitgeber, denn gut aus-
gebildete Kräfte sind das wichtigste Kapital eines
Unternehmens. Weitsichtige Arbeitgeber fördern daher auch die regelmäßige Weiterbildung ihrer Mitarbeiter. Einige Unternehmen haben das sogar als

Pflichtveranstaltung in ihren Arbeitsverträgen aufgeführt.

Grundsätzlich dürfen Arbeitgeber ihren Mitarbeitern den Bildungsurlaub nicht verbieten. In den meisten Bundesländern haben Mitarbeiter sogar einen gesetzlichen Anspruch auf Bildungsurlaub. In welchen das der Fall ist und wie viele Tage einem Mitarbeiter dort zustehen, finden Interessierte auf den Internetseiten des Deutschen Bildungsservers (www.iwwb.de). Kommt es im Unternehmen allerdings zu einem personellen Engpass oder zu einem unerwartet hohen Produktionsaufwand, dann dürfen Arbeitgeber den Bildungsurlaub **vorübergehend** verweigern.

> *Tipp:* *Mitarbeiter sollten darauf achten, dass der Bildungsurlaub bei einem anerkannten Bildungsträger stattfindet.*

Obwohl es keinen rechtlichen Anspruch darauf gibt, übernehmen viele Arbeitgeber zudem die Kosten für den Bildungsurlaub, inklusive Anreise- und Unterbringungskosten. In diesen Fällen verknüpfen Arbeitgeber häufig die Kostenübernahme mit einer Rückzahlungsklausel. Das bedeutet: Verlässt ein Mitarbeiter kurz nach einer langen und teuren Weiterbildungsmaßnahme das Unternehmen, dann muss der Arbeitnehmer sich nachträglich noch an den Kosten beteiligen.

Als Faustregel gilt: Bei einer Weiterbildungsdauer von bis zu zwei Monaten ist eine maximale Bindung von einem Jahr möglich. Bei Weiterbildungen, die bis zu zwei Jahre dauern, ist eine Zwangsbindung von maximal fünf Jahren möglich. Wie hoch der Mitarbeiteranteil bei den Kosten ist, müssen Arbeitgeber vor der Bildungsmaßnahme schriftlich kommunizieren.

Müssen Mitarbeiter im Urlaub erreichbar sein?

Ist der Arbeitstag vorbei, liegt bei vielen Mitarbeitern dennoch das Mobiltelefon immer griffbereit auf dem Tisch. Denn ob Anruf, SMS oder E-Mail, die Kontaktaufnahme außerhalb der Arbeitszeit gehört für viele Mitarbeiter mittlerweile dazu. Diese ständige Erreichbarkeit macht uns jedoch krank, wie diverse Untersuchungen der vergangenen Jahre zeigen. Richtig stressig wird es für Arbeitnehmer, wenn sie auch während ihres Urlaubs kontaktiert werden. Doch müssen Mitarbeiter überhaupt im Urlaub erreichbar sein?

Nein. Urlaub dient der Erholung – das Bundesurlaubsgesetz verlangt es sogar. Dementsprechend widerspricht ein ständiges Reagieren auf berufliche Anfragen dem Urlaubszweck. Daher dürfen Mitarbeiter im Urlaub ihr Smartphone ausschalten bzw. Anrufe, E-Mails und Kurznachrichten ignorieren – ohne arbeitsrechtliche Sanktionen befürchten zu müssen.

Nach § 1 des Bundesurlaubsgesetzes schulden Arbeitgeber ihren Mitarbeitern Erholungsurlaub. Und dazu zählt, dass Arbeitnehmer ihren Urlaub selbstbestimmt und uneingeschränkt verbringen können. Das ist natürlich nicht gewährleistet, wenn Arbeitgeber ihre Mitarbeiter trotz Urlaub ständig kontaktieren – und die nicht abschalten können.

Wichtig: Auch in ihrer Freizeit müssen Mitarbeiter nicht an ihr Diensthandy gehen. Denn Arbeitszeit ist Arbeitszeit und Freizeit ist Freizeit.

Müssen Mitarbeiter im Krankheitsfall auch im Urlaub zum Arzt?

Jeder zehnte Deutsche wird im Urlaub krank. Die häufigsten Ursachen sind Erkältungen, Unfälle und Stürze. Sehr ärgerlich, denn in der Regel freut man sich lange auf den ersehnten Urlaub. Trotz allem Ärger sollten Mitarbeiter einiges beachten. Denn nur so verlieren sie ihre Urlaubstage nicht.

Wer im Urlaub krank wird, muss unverzüglich zum Arzt gehen und seine Arbeitsunfähigkeit bescheinigen lassen. Denn nur so kann der Arbeitgeber dem Mitarbeiter die Krankentage »gutschreiben«. Parallel dazu sollten Mitarbeiter noch aus dem Urlaubsland ihre gesetzliche Krankenversicherung sowie ihren Arbeitgeber informieren. Wer das nicht macht, bekommt anschließend auch keine Urlaubstage zurück.

Wichtig: Der Arzt im Urlaubsland sollte die Arbeitsunfähigkeit des Mitarbeiters bereits am ersten Tag bescheinigen. Das ist vor allem für die gesetzliche Krankenversicherung wichtig, die nur dann die ausgelegten Arztkosten erstattet.

Wann steht Mitarbeitern Sonderurlaub zu?

Die Bezeichnung Sonderurlaub gibt es im deutschen Arbeitsrecht nicht. Stehen allerdings besondere Ereignisse an, sieht das Gesetz die Freistellung der Mitarbeiter bei fortlaufendem Gehalt vor.

Solche besonderen Ereignisse sind zum Beispiel die eigene Hochzeit, die Geburt des Kindes, der Tod eines Familienangehörigen, der Umzug des Mitarbeiters oder Gerichtstermine, bei dem der Mitarbeiter durch das Gericht persönlich geladen wurde.

Und auch nach einer Arbeitgeberkündigung haben Mitarbeiter einen Anspruch auf eine bezahlte Freistellung, um Vorstellungsgespräche sowie Termine bei der Agentur für Arbeit wahrnehmen zu können.

Wie lange Mitarbeiter dafür fehlen können, hängt

vom individuellen Arbeits- bzw. Tarifvertrag ab. Auch sind Mitarbeiter bei Fällen wie einem Gerichtstermin nur für die Zeit freigestellt, die zur Wahrnehmung des Termins notwendig ist.

Wichtig: Der Freistellung muss der Arbeitgeber vorab zustimmen. Wer einfach nicht auf der Arbeit erscheint, muss mit einer Abmahnung rechnen.

Haben Mitarbeiter einen Anspruch auf Brückentage?

Brückentage sind bei Arbeitnehmern sehr beliebt, denn so können sie ihre »Urlaubstage teilweise ver-doppeln«. Nicht verwunderlich also, dass gern jeder Mitarbeiter diese Tage für sich nutzen möchte. Doch einen rechtlichen Anspruch darauf, seinen Urlaub um die Brückentage herum zu legen, haben Mitarbeiter nicht.

Was § 7 des Bundesurlaubsgesetzes hingegen regelt ist, dass Urlaub zusammenhängend zu gewähren ist. Das heißt, Arbeitgeber sollen ihren Mitarbeitern min-destens einmal im Jahr eine längere durchgehende Erholungsphase ermöglichen.

In der Regel berücksichtigen Arbeitgeber dabei die Wünsche ihrer Angestellten. Wer aber auf Nummer sicher gehen will und so oft wie möglich Brückentage nutzen möchte, sollte früh seine Urlaubsanträge einreichen. Kommt es dabei zwischen Mitarbeitern zum Streit, regeln einige Betriebe es nach dem Fairness-Prinzip: Wer bereits im Vorjahr seinen Wunschtermin erfüllt bekam, muss im Folgejahr zurückstehen.

Wichtig: Mitarbeiter mit schulpflichtigen Kindern müssen bevorzugt ihre Urlaubstage in den Schulferien erhalten.

Darf der Arbeitgeber bereits genehmigten Urlaub wieder streichen?

Reicht ein Mitarbeiter Urlaub ein, weiß er in der Regel nicht, ob er zu diesem Zeitpunkt gesund ist und den Urlaub antreten kann. Ebenso unsicher ist es für Arbeitgeber, wenn sie den Urlaub genehmigen. Auch sie wissen nicht, ob etwas Unvorhergesehenes den Urlaub des Mitarbeiters gefährden könnte. Darf der Arbeitgeber seinen bereits genehmigten Urlaub wieder streichen?

Eigentlich gilt einmal genehmigter Urlaub als unwiderruflich – und zwar in beide Richtungen. Das heißt, Arbeitgeber können ihn nicht mehr streichen. Mitarbeiter können allerdings auch nicht mehr von ihrem bereits genehmigten Urlaub zurücktreten. Wer nachträglich etwas ändern möchte, kann hier also nur auf das Wohlwollen des anderen hoffen. Das heißt, es muss eine einvernehmliche Klärung her.

In besonders heiklen und plötzlich dringend betrieblich veranlassten Situationen haben Unternehmen jedoch die Möglichkeit, bereits genehmigten Urlaub zu verlegen bzw. zu streichen. Das ist zum Beispiel der Fall, wenn eine Naturkatastrophe oder der plötzliche Totalausfall einer großen Anzahl von Maschinen das Unternehmen lahmzulegen droht. Dann haben Arbeitgeber sogar die Möglichkeit, eine einstweilige Verfügung beim Arbeitsgericht zu erwirken, um den Mitarbeiter wieder an Bord zu bekommen, sollte er sich beharrlich weigern.

Wichtig: Entstehen einem Mitarbeiter dadurch Kosten, müssen diese vom Arbeitgeber übernommen werden.

Können Arbeitgeber den Resturlaub streichen?

Viele Mitarbeiter gehen davon aus, dass ihr Resturlaub erst am 31. März des Folgejahres verfällt. Das ist aber falsch. Laut Bundesurlaubsgesetz müssen Arbeitnehmer ihren Urlaub im laufenden Kalenderjahr nehmen – ansonsten verfällt er am 31. Dezember.

Denn der Urlaubsanspruch von Mitarbeitern ist befristet auf ein Kalenderjahr. Das heißt, Mitarbeiter müssen ihre Urlaubstage in dem laufenden Kalenderjahr nehmen, in dem die Urlaubstage entstehen. Ein Übertrag auf das nächste Kalenderjahr ist laut § 7 des Bundesurlaubsgesetzes nur in Ausnahmefällen möglich.

Tipp: Kann der Resturlaub auf das nächste Kalenderjahr übertragen werden, wird die Frist meist bis zum 31. März des Folgejahres verlängert.

Solch ein Ausnahmefall liegt beispielsweise vor, wenn ein Mitarbeiter krank ist und anhand einer Krankmeldung erkennbar wird, dass er seinen Urlaub nicht mehr im Kalenderjahr nehmen kann. Oder wenn er so spät im Laufe des Kalenderjahres an seinen Arbeitsplatz zurückkehrt, dass er nur noch einen Teil seines Urlaubs bis zum 31. Dezember nehmen kann. In solchen Fällen müssen Arbeitgeber den Resturlaub auf das nächste Kalenderjahr übertragen. Das erfolgt automatisch und muss nicht extra vom Mitarbeiter schriftlich beantragt werden. Nimmt der Mitarbeiter seinen Resturlaub nicht bis zum 31. März des Folgejahres, verfällt der Urlaub ersatzlos – es sei denn, der Chef sichert dem Mitarbeiter schriftlich die weitergehende Verlängerung zu.

Wichtig: Wer aufgrund einer längeren Krankheit seinen Urlaub weder bis zum 31. Dezember noch bis zum 31. März des Folgejahres nehmen kann, hat nach der Rechtsprechung des Europäischen Gerichtshofs sogar 15 Monate nach dem Ende des Urlaubsjahres – also bis zum 31. März des zweiten Folgejahres – Zeit, seinen Urlaub zu nehmen.

Können Chefs Urlaub aufgrund einer fehlenden Urlaubsbescheinigung verweigern?

Wer den Job gewechselt hat, kann in der Regel neu durchstarten. Blöd nur, wenn es gleich Stress mit dem neuen Arbeitgeber gibt, weil wichtige Arbeitspapiere fehlen. Leider sind viele Beschäftigte zum Leidwesen von Arbeitgebern diesbezüglich sehr nachlässig.

Sehr ärgerlich wird es für Mitarbeiter, wenn beispielsweise die Urlaubsbescheinigung des vorherigen Arbeitgebers fehlt. In diesem Fall kann der neue Arbeitgeber diesem Mitarbeiter seinen Urlaub so lange verweigern, bis die fehlende Bescheinigung vorliegt. Der Grund ist simpel: Die Urlaubsbescheinigung dient dazu, dass Mitarbeiter nicht zu viele Urlaubstage in einem Kalenderjahr erhalten.

Wichtig: Arbeitgeber sind verpflichtet (§ 6 Bundesurlaubsgesetz), Mitarbeitern bei der Beendigung des

Arbeitsverhältnisses eine Urlaubsbescheinigung über ihren gewährten Urlaub im Kalenderjahr auszuhändigen.

Eine Urlaubsbescheinigung enthält die Informationen, wie lange das Arbeitsverhältnis im laufenden Kalenderjahr bestanden hat, aus wie vielen Arbeitstagen der Jahresurlaub besteht und wie viele davon vom Mitarbeiter bereits genommen wurden.

Dürfen Mitarbeiter im Urlaub jobben?

Wer arbeitet, braucht Entspannung – dafür setzt das Bundesurlaubsgesetz die Rahmenbedingungen. Doch was ist, wenn ein Mitarbeiter seinen Urlaub für einen Nebenjob nutzen möchte? Dürfen Arbeitgeber dieses Vorhaben verbieten?

Ja, denn Arbeitgeber können erwarten und verlangen, dass ihre Mitarbeiter gut erholt und voller Tatendrang aus dem Urlaub zurückkehren – und nicht völlig ausgelaugt. Hält sich ein Mitarbeiter nicht an das Verbot, drohen in der Regel arbeitsrechtliche Sanktionen.

So können Arbeitgeber den Mitarbeiter abmahnen und kündigen, sollte er sich wiederholt dem Verbot widersetzen. Sie können sogar bei Gericht einen Unterlassungsanspruch geltend machen oder Schadenersatz verlangen. Letzteres ist zum Beispiel möglich, wenn der Mitarbeiter während seiner Tätigkeit im Urlaub arbeitsunfähig wird und nach seinem Urlaub nicht mehr an seinen Arbeitsplatz zurückkehren kann. Entstehen dem Arbeitgeber dadurch Schwierigkeiten, kann er den Mitarbeiter dafür haftbar machen.

5. Kapitel

Das Gehalt

Darf der Arbeitgeber Weihnachtsgeld einfach streichen oder sogar zurückfordern?

Gut 50 Prozent der Deutschen erhalten von ihrem Arbeitgeber Weihnachtsgeld – und kalkulieren in der Regel mit dieser finanziellen Sonderleistung. Der eine braucht sie für den Kauf der Weihnachtsgeschenke, der andere nutzt sie für die Sondertilgung des Baukredits oder den Ski-Urlaub. Was aber, wenn der Arbeitgeber das Weihnachtsgeld einfach streichen möchte oder es gar zurückfordert?

Weihnachtsgeld ist eine Sonderzahlung, die zu einem bestimmten Anlass bzw. Zeitpunkt (meist wiederholt) vom Arbeitgeber gezahlt wird. Ob ein Arbeitgeber diese Leistung einfach streichen oder gar zurückfordern kann, hängt davon ab, was konkret im Arbeitsvertrag vereinbart wurde.

Zahlt ein Arbeitgeber Weihnachtsgeld, tut er das oft mit dem Hinweis der Freiwilligkeit. Damit er aber auch jederzeit entscheiden kann, diese Leistung wieder zu streichen, verwenden Arbeitgeber in ihren Arbeitsverträgen häufig den Hinweis, dass »die Zahlung einmalig ist und künftige Ansprüche ausschließt«. Solche Klauseln müssen jedoch hieb- und stichfest sein. Oft sind sie es aber nicht und daher unwirksam.

Durch eine solche Klausel im Arbeitsvertrag umgeht ein Arbeitgeber auch das Risiko der »betrieblichen Übung«. Die entsteht, wenn mindestens dreimal in Folge Weihnachtsgeld gezahlt wird – ohne dass ein Tarifvertrag oder eine Betriebsvereinbarung hierzu verpflichtet.

Wichtig: Enthält ein Arbeitsvertrag oder eine Betriebsvereinbarung einen Freiwilligkeits- oder Widerrufsvorbehalt, ist der ebenfalls nur wirksam, wenn gleichzeitig konkretisiert wird, unter welchen Bedingungen zukünftig nicht mehr gezahlt werden soll.

Ein weiterer Aspekt bei der Auszahlung von Weihnachtsgeld oder anderen Gratifikationen ist, ob die Zahlung ausschließlich für die Betriebstreue oder als Gegenleistung für erbrachte Arbeitsleistung gezahlt wird. Diese Unterscheidung ist wichtig. Denn versieht ein Arbeitgeber die Zahlung mit dem Hinweis, sie werde aufgrund der Betriebstreue gezahlt, kann er die Leistung unter Umständen zurückfordern, wenn ein Mitarbeiter zum Jahresende den Betrieb verlässt. Wird die Sonderzahlung aufgrund der erbrachten Arbeitsleistung gezahlt, ist das nicht möglich.

Tipp: Unklarheiten gehen hier in aller Regel zu Lasten des Arbeitgebers. Mitarbeiter sollten daher ihren Arbeitsvertrag genau prüfen.

Darf Weihnachtsgeld gestrichen werden, wenn Mitarbeiter zu oft krank sind?

Weihnachtsgeld wird in der Regel mit dem November- oder Dezembergehalt ausgezahlt. Fällt die Zahlung plötzlich niedriger aus als erwartet, denken viele Mitarbeiter an einen Fehler. Das muss aber nicht so sein. Ist ein Mitarbeiter beispielsweise krank gewesen, können Arbeitgeber das Weihnachtsgeld kürzen.

In solchen Fällen ist allerdings entscheidend, was vereinbart ist, ob das eine freiwillige Leistung des Arbeitgebers ist oder ob der Mitarbeiter einen Anspruch auf diese Sonderzahlung hat. Außerdem ist relevant, ob das Weihnachtsgeld zum Arbeitslohn zählt oder ob es eine zusätzliche, nicht an die Arbeitsleistung gebundene Prämie ist.

Das Landesarbeitsgericht Rheinland-Pfalz entschied in einem Urteil zugunsten des Arbeitgebers (Az.: 6 Sa 723/09): Ein Arzt hatte einer seiner Arzthelferinnen das Weihnachtsgeld gestrichen, weil sie in dem Jahr fast sechs Monate krankgeschrieben war. Weil die Mitarbeiterin drei Jahre in Folge Weihnachtsgeld in Höhe eines Monatsbruttolohns erhalten hatte, ging sie davon aus, dass das Streichen des Arbeitgebers nicht rechtens war.

Der Arzt hatte jedoch im Arbeitsvertrag festgelegt, dass »etwaige Zahlung von Gratifikationen, Prämien oder sonstigen Sondervergütungen freiwillig und unter Vorbehalt des jederzeitigen Widerrufs erfolgt«. Durch diese Einschränkung war das Streichen des Weihnachtsgeldes aufgrund der langen Erkrankung rechtens.

Kann der Chef ein Darlehen gewähren?

Gerät ein Mitarbeiter in eine finanzielle Notlage, kann er zu einer Bank gehen oder seinen Arbeitgeber um ein Darlehen bitten. Denn Arbeitgeber gewähren ihren Mitarbeitern nicht selten ein sogenanntes Arbeitgeberdarlehen. Und das hat nicht nur für Mitarbeiter Vorteile, sondern auch für Arbeitgeber. Sie steigern auf diese Weise bei ihren Arbeitnehmern die Motivation und binden sie langfristig ans Unternehmen.

Weil das Arbeitgeberdarlehen aber ein ganz normaler Kredit ist, müssen Arbeitgeber bei der Gestaltung des Darlehensvertrages die üblichen zivilrechtlichen Vorschriften beachten. Zu der schriftlichen Vereinbarung gehören die Tilgungsmodalitäten, die Kündigungsvoraussetzungen, die Darlehenshöhe sowie die Verzinsung.

Enthält der Vertrag keinen Hinweis auf eine Verzinsung, gilt der Kredit als zinslos. Was allerdings enorme Nachteile hat, denn dann gilt das gesamte Darlehen als steuerpflichtiger Arbeitslohn. Liegt der Darlehenszins unter dem marktüblichen Wert, entsteht für den Mitarbeiter ein geldwerter Vorteil, der ebenfalls zu versteuern ist.

Wichtig ist auch zu vereinbaren, was passiert, wenn der Mitarbeiter vor der Darlehenstilgung das Unternehmen verlässt. Kündigt der Mitarbeiter, wünschen sich Arbeitgeber dann meist die sofortige Rückzahlung des Darlehens. Darauf sollten sich Mitarbeiter aber nur einlassen, wenn sie dazu auch in der Lage sind. Eine solche Rückzahlungsklausel sollte auch nicht bei einer etwaigen Arbeitgeberkündigung greifen. Denn dann haben Mitarbeiter ihren Ausstieg nicht mehr selbst in der Hand und können so in finanzielle Not geraten.

Sind Arbeitgeber zu Bonuszahlungen verpflichtet?

Eine hohe Motivation der Mitarbeiter entscheidet im wirtschaftlichen Wettbewerb zunehmend über Sein oder Nichtsein eines Unternehmens. Im Trend sind deshalb Zielvereinbarungen, die Arbeitgeber mit ihren Mitarbeitern treffen: Zu einem festen Gehalt kommt ein ergebnisabhängiger Bestandteil hinzu, dessen Auszahlung an bestimmte Ziele gekoppelt ist. Ob und wie eine Zielvereinbarung getroffen wird, entscheidet jedoch allein der Arbeitgeber.

Damit der Mitarbeiter auch weiß, was konkret von

ihm erwartet wird, enthält die Zielvereinbarung Umfang, Ort und Zeitraum der Arbeit. In der Regel sind es drei bis fünf Ziele. Um die definierten Ziele auch erreichen zu können, erhält er für die Umsetzung zudem ausreichend Freiräume.

Wichtig: Zielvereinbarungen müssen schriftlich festgehalten werden. Und in der Regel gelten sie für ein Jahr.

Kommt es zwischen Arbeitgeber und -nehmer bezüglich der Zielvereinbarung zu einer Auseinandersetzung, wird häufig die Auffassung vertreten, dass die Beweislast für das Erreichen der Ziele beim Mitarbeiter liegt.

Daher treffen beide eine Rahmenvereinbarung über die Höhe der Bonuszahlung, den Zeitraum und unter welchen Umständen Ziele überprüft und angepasst werden sowie den Zeitraum der Bonusauszahlung.

Haben Mitarbeiter aufgrund der vereinbarten Ziele einen höheren Einsatz gezeigt, muss die Vergütung auch folgen. Kommen einem Mitarbeiter zwischenzeitlich Zweifel, ob die Zielvereinbarung überhaupt zu erreichen ist, sollte er sofort das Gespräch mit seinem Arbeitgeber suchen.

Allerdings existiert eine Anpassungspflicht innerhalb des vereinbarten Zeitraums nur dann, wenn sich im Unternehmen deutliche Veränderungen außerhalb des Einflussbereiches des Mitarbeiters ergeben, die eine Erreichung der Ziele von sich aus unmöglich machen.

Bei Zielvereinbarungen sollte das Prinzip herrschen: »Je konkreter, desto besser«. Denn ungenaue Ziele verursachen nur Ärger. Und kein Mitarbeiter möchte später wegen Unstimmigkeiten eine Leistungsklage beim Arbeitsgericht anstrengen. Dabei sind alle Ziele denkbar, so sie nicht gegen Gesetze verstoßen oder sittenwidrig sind.

Sittenwidrig wären beispielsweise von vornherein nicht zu erreichende Ziele. Daher sollten Mitarbeiter darauf achten, dass die Zielvereinbarung klar und deutlich ist und ob sich über die Zielvereinbarung das Ergebnis, also ein bezifferbarer Anspruch, errechnen lässt. Ansonsten kann die Zielvereinbarung juristisch wie wirtschaftlich wertlos sein.

Und verlässt ein Mitarbeiter das Unternehmen im laufenden Geschäftsjahr, hat er in der Regel dennoch einen Anspruch auf den Bonus. Dann wird der Zielbonus einfach anteilig nach Monaten auf die bereits geleistete Arbeit errechnet. Diese Regel gilt nur dann nicht, wenn der Arbeitsvertrag explizit etwas anderes vorsieht.

Tipp: Mitarbeiter gehen auf Nummer sicher, wenn sie diesen Punkt in die Zielvereinbarung aufnehmen.

Müssen Arbeitgeber Überstunden bezahlen?

Wer viel arbeitet, möchte auch viel verdienen. Und wer viele Überstunden machen muss, möchte dementsprechend am Monatsende einen deutlichen Gehaltszuwachs auf seiner Lohnabrechnung sehen. Doch müssen Arbeitgeber Überstunden bezahlen?

Arbeitgeber sind zur Vergütung von Überstunden verpflichtet, wenn sie die Mehrarbeit auch angeordnet haben. Wer länger bleibt, als er müsste, hat natürlich kein Recht auf Überstundenvergütung.

Wichtig: Ordnet ein Arbeitgeber keine Überstunden an, kommt aber kurz vor Arbeitsende mit einer Aufgabe auf einen Mitarbeiter zu, die er sofort erledigen soll, ist das als Überstunden zu werten.

Für die Vergütung von Überstunden gibt es verschiedene Möglichkeiten: Der Arbeitgeber verhandelt einen konkreten Stundensatz für die Mehrarbeit. Einige Unternehmen vereinbaren allerdings auch einen bestimmten Überstundenrahmen, der durch das normale Gehalt abgedeckt ist. Das betrifft insbesondere außertariflich bezahlte Mitarbeiter. Und auch der Freizeitausgleich ist ein Modell, das von vielen Arbeitgebern angewandt wird. Das heißt, der Mitarbeiter kann seine Überstunden abbummeln. Leitende Angestellte hingegen haben meist keinen weitergehenden

Anspruch. Ihre Überstunden sind meist im Rahmen ihres regulären Gehalts über eine wirksame Überstundenvereinbarung im Arbeitsvertrag selbst mitabgedeckt.

Tipp: Existiert keine Überstundenregelung, haben Beschäftigte für die Mehrarbeit mindestens Anspruch auf den normalen Stundenlohn.

Einige Arbeitsverträge enthalten den Hinweis, dass Überstunden mit dem Gehalt abgegolten sind. Solch eine Klausel ist so pauschal nicht rechtens. Verdienen Beschäftigte nämlich ein normales oder geringes Gehalt, können Arbeitgeber nicht ohne Weiteres im Arbeitsvertrag mitregeln, dass alle anfallenden Überstunden mit dem Gehalt abgegolten sind.

So zumindest sehen es die Richter des Bundesarbeitsgericht (Az.: 5 AZR 765/10): Ein Mitarbeiter verdiente rund 1800 Euro brutto monatlich. In seinem Arbeitsvertrag stand, dass seine Überstunden mit seinem Gehalt abgegolten waren. Die Richter des Bundesgerichtshofs kritisierten in ihrem Urteil, dass der Arbeitgeber so beliebig viele Überstunden anordnen könnte. Was den ohnehin geringen Bruttomonatslohn deutlich relativieren würde.

Fallen bei Mitarbeitern mit einem normalen oder geringen Gehalt Überstunden an, müssen Arbeitgeber diese also auch immer bezahlen.

Darf der Chef für die Anwesenheit eine Prämie zahlen?

Es gibt sie, die Mitarbeiter, die regelmäßig blau machen. Sehr ärgerlich für Arbeitgeber, verschaffen sich doch solche Arbeitnehmer zusätzliche freie Tage. Doch es gibt auch Situationen im Leben, die es nicht gut mit einem meinen: Auf die lange Erkältung folgt ein Magen-Darm-Virus und darauf eine Sommergrippe. Was für den Arbeitgeber wie krankfeiern aussieht, ist für den Mitarbeiter körperlich eine große Belastung.

Glauben Arbeitgeber, dass ihre Mitarbeiter zu häufig »krankfeiern«, versuchen sie diese daher mit einem Anreiz wie einer Anwesenheitsprämie zur Arbeit zu bewegen. Solch eine Prämie ist ein zusätzlicher besonderer Vergütungsbestandteil zum Grundgehalt und gehört daher auch in den Arbeitsvertrag bzw. sollte schriftlich vereinbart werden.

Gezahlt werden kann die Anwesenheitsprämie als Zuschlag zum monatlichen Gehalt (pro Anwesenheitsstunde oder definierte Mindestanwesenheitszeit) oder einmal am Jahresende. Damit es nicht zu Auseinandersetzungen kommt, ist es wichtig, die Bedingungen transparent zu kommunizieren.

Mit Anwesenheitsprämien besteht allerdings das Risiko, dass Mitarbeiter sich krank zur Arbeit schleppen, um ihre Prämie nicht zu gefährden. Ob sich die

so entstehende Ansteckungsgefahr für andere Kollegen letztlich für Arbeitgeber rechnet, ist fraglich und
kann allein er entscheiden.

Dürfen Mitarbeiter zu Hause bleiben, wenn der Arbeitgeber das Gehalt nicht zahlt?

Wer arbeitet, tut dies meist, weil er seinen Lohn zum
Leben braucht. Zahlt der Arbeitgeber den Lohn nicht
mehr, stellt das Mitarbeiter vor eine große Herausforderung, denn Kosten wie die Miete, der Strom oder
das Immobiliendarlehen werden vom Konto abge-
bucht. Dürfen Arbeitnehmer in solchen Fällen einfach zu Hause bleiben?

Jein. Zahlt ein Arbeitgeber den Lohn nicht pünktlich oder gar nicht, dürfen Mitarbeiter nicht sofort zu
Hause bleiben. Bevor sie aufgrund fehlender Lohnzahlung nicht mehr zur Arbeit erscheinen, müssen sie
zunächst ihren Arbeitgeber schriftlich anmahnen und
ihm eine Zahlungsfrist einräumen (maximal zehn
Tage). Zahlt er auch dann nicht, können Mitarbeiter
ihren Lohn gerichtlich einklagen.

Erst wenn mindestens zwei bis drei Monatsgehälter
offen sind, dürfen Mitarbeiter der Arbeit fernbleiben,
ohne mit arbeitsrechtlichen Konsequenzen wie einer
Abmahnung oder Kündigung rechnen zu müssen.

Ganz im Gegenteil: Durch dieses Zurückbehaltungsrecht verlieren Mitarbeiter noch nicht einmal ihren Lohn für die Zeit, in der sie *nicht* zur Arbeit erscheinen.

Wichtig: *Zahlt der Arbeitgeber einen Abschlag, so dass nur noch ein geringer Lohnanteil aussteht, dürfen Mitarbeiter nicht der Arbeit fernbleiben. Auch darf durch die Arbeitsverweigerung nicht ein erheblicher wirtschaftlicher Schaden für den Arbeitgeber entstehen.*

Dieses Zurückbehaltungsrecht funktioniert aber auch in die andere Richtung. Das heißt, wenn ein Mitarbeiter nicht seine Arbeitsleistung, für die er bezahlt wird, erbringt, können Arbeitgeber die Lohnzahlung einstellen. Denn »ohne Arbeit kein Lohn« ist ein arbeitsrechtlicher Grundsatz.

Egal, wer das Zurückbehaltungsrecht geltend macht, er muss es ausdrücklich tun. Daher sollte es generell schriftlich und nachweislich erfolgen. Das heißt, der Lohn- bzw. der Leistungsrückstand muss konkret aufgeführt werden. Zum Schluss muss deutlich werden, dass der Mitarbeiter aufgrund des Lohnrückstands nicht mehr zur Arbeit erscheint bzw. der Arbeitgeber den Lohn zum Teil einbehält, bis die Arbeitsleistung erbracht ist.

Dürfen Arbeitgeber einen gezahlten Bonus zurückfordern?

2015 erhielt der indischstämmige Google-Chef Sundar Pichai einen Bonus in Höhe von 100 Millionen Dollar in Aktien. Wie ärgerlich wäre es, wenn er diesen wieder zurückgeben müsste. Doch dürfen Arbeitgeber einen gezahlten Bonus wieder zurückfordern?

Ja, unter gewissen Voraussetzungen ist das möglich. Und zwar dann, wenn ein Mitarbeiter kurz nach der Bonuszahlung auf eigenen Wunsch das Unternehmen verlässt oder der Arbeitgeber ihm verhaltensbedingt kündigt. Doch dann muss die Rückzahlung auch Bestandteil der Bonusvereinbarung sein. Das heißt, überraschend darf einen Mitarbeiter die Rückzahlung nicht treffen.

Wichtig: Bei Rückforderungsansprüchen ist die Höhe der Bonuszahlung relevant.

Wer einen Bonus von 100 Euro zahlt, wird den nicht zurückfordern können. Liegt ein Bonus über 100 Euro, aber unter dem monatlichen Gehalt, darf er nur zurückgefordert werden, wenn der Mitarbeiter bis zum 31. März des Folgejahres geht. Beträgt der Bonus ein Monatsgehalt oder mehr, müssen Mitarbeiter unter Umständen sogar bis zum 30. Juni des Folgejahres bleiben – ansonsten greift der Rückforderungsanspruch.

Dürfen Chefs das Gehalt pfänden?

Gelangt ein Mitarbeiter gegenüber seinen Gläubigern in Zahlungsrückstand, dann können diese über eine Lohnpfändung auf sein Einkommen zugreifen. Der Arbeitgeber wird so zum sogenannten Drittschuldner: Er muss einen Teil des Einkommens – ohne Umweg über den Mitarbeiter – direkt an den Gläubiger überweisen.

Voraussetzung dafür ist ein Pfändungs- und Überweisungsbeschluss per Gericht, der den Arbeitgeber verpflichtet, einen Anteil des Einkommens vom betroffenen Mitarbeiter einzubehalten. Eine weitere Voraussetzung ist ein bestehendes Arbeitsverhältnis, denn auf beendete Arbeitsverhältnisse besteht nachträglich kein Pfändungsanspruch.

Entziehen können sich Arbeitgeber dem nicht. Ganz im Gegenteil, sie sind sogar verpflichtet, mit dem Gläubiger zu kooperieren und ihm umfangreich Auskünfte zu erteilen, etwa über weitere Forderungen gegen den Mitarbeiter. Auch müssen sie das pfändbare Netto-Einkommen errechnen und es an den Gläubiger abführen.

Dass das eine Herausforderung ist, zeigt ein Fall, der vor dem Bundesarbeitsgericht verhandelt wurde (Az.: 10 AZR 778/10): Ein Arbeitgeber errechnete das pfändbare Netto-Einkommen eines Mitarbeiters. Bei der Berechnung vergaß er jedoch seine Zulagen und Sonderzahlungen. Mit dem Ergebnis, dass der Arbeitgeber den fehlenden Anteil an den Gläubiger zahlen musste – und zwar aus eigener Tasche.

Bei der Berechnung des Pfändungsbetrags werden immer auch Unterhaltspflichten des Mitarbeiters für Ehepartner und Kinder berücksichtigt. Bestehen mehrere Pfändungen, müssen solche für Unterhaltszahlungen bevorzugt werden. Alle anderen Pfändungen werden in der Reihenfolge ihrer Zustellung geleistet. Sind Arbeitgeber hinsichtlich der richtigen Reihenfolge der Auszahlung unsicher, können sie den Betrag auch bei Gericht hinterlegen.

Dabei trägt der Arbeitgeber grundsätzlich die Kosten der Lohnpfändung. Er kann diese allerdings an den Mitarbeiter weiterreichen. Deshalb können Arbeitgeber im Arbeitsvertrag eine Kostenregelung dahingehend treffen, dass die Kosten für jeden Bearbeitungsvorgang vom Lohn einbehalten werden.

Wichtig: Lohnpfändungen rechtfertigen grundsätzlich keine Kündigung des Arbeitnehmers. Ausnahmen hierbei: Durch zahlreiche Pfändungen ist dem Arbeitgeber der Arbeitsaufwand der Pfändungen nicht mehr zuzumuten. Oder: Der Mitarbeiter verliert durch die Pfändungen im Unternehmen eine Vertrauensstellung.

Dürfen Mitarbeiter über ihr Gehalt sprechen?

Reden ist Silber, schweigen ist Gold. Dieses Motto gilt für Arbeitgeber besonders bezüglich der Gehälter. Dabei interessiert es Mitarbeiter brennend, was genau der Kollege jeden Monat erhält. Nur zu fragen trauen sich die wenigsten. Dürfen Mitarbeiter über ihr Gehalt sprechen?

Mitarbeiter müssen grundsätzlich eine allgemeine Geheimhaltungs- bzw. Verschwiegenheitspflicht einhalten. Das heißt, sie dürfen keine Betriebs- und Geschäftsgeheimnisse ausplaudern. Wer sich nicht daranhält, muss mit arbeitsrechtlichen Sanktionen wie einer Abmahnung oder gar Kündigung rechnen. Ferner kann er unter Umständen zur Kasse gebeten werden. Nämlich dann, wenn für den Arbeitgeber ein konkreter Schaden entstanden ist.

Von dieser Geheimhaltungspflicht kann auch das Gehalt betroffen sein. Das ist aber nur möglich, wenn die Informationen darüber für den Wettbewerb relevant sind, zum Beispiel, wenn ein Unternehmenskonkurrent durch eine solche Information einen Wettbewerbsvorteil hat.

Ob das auch gegenüber Kollegen gilt, hängt einerseits davon ab, ob der Arbeitgeber die allgemeine Verschwiegenheitspflicht um diesen Zusatz im Arbeitsvertrag erweitert hat. Und andererseits, ob die

Wettbewerbsfähigkeit des Arbeitgebers beeinträchtigt ist. In der Praxis betrifft das meist nur Mitarbeiter in sehr hohen Führungspositionen.

> **Wichtig:** *Mitarbeiter dürfen nicht unangemessen benachteiligt werden. § 307 des Bürgerlichen Gesetzbuches schützt sie hier. Wer mit seinen Kollegen nicht über sein Gehalt sprechen darf, kann nicht überprüfen, ob im Unternehmen der Gleichbehandlungsgrundsatz eingehalten wird.*

Dürfen Arbeitgeber vereinbarte Geldleistungen einfach streichen?

Geldleistungen wie Gewinnbeteiligungen, Erfolgsprämien und Bonuszahlungen werden vom Arbeitgeber meist freiwillig geleistet. Soll diese Geldleistung entfallen, kommt häufig die Frage auf, ob der Mitarbeiter einen verbindlichen Anspruch hat oder der Arbeitgeber die Geldleistung streichen darf.

Ob solch eine Geldleistung vom Arbeitgeber einkassiert werden kann, hängt davon ab, wie und wann sie vereinbart wurde: Wurde die freiwillige Leistung in einem Formulararbeitsvertrag und **nach** dem 1. Januar 2002 vereinbart, kann sie nicht ohne Weiteres gestrichen werden. Es sei denn, der Vertrag enthält explizit eine wirksame Klausel, die die Widerrufsvoraussetzung regelt. Wurde der Vertrag **vor** dem 1. Januar 2002 geschlossen, kann die Streichung leichter erfolgen – ohne Angaben von Gründen.

Darf der Chef aufgrund häufiger Toilettengänge das Gehalt kürzen?

Jeder hat mal einen schlechten Tag. Das sollte aber eher die Ausnahme und nicht die Regel sein. Denn Arbeitgeber müssen Minderleister, sogenannte Low Performer, auf Dauer nicht akzeptieren. Die belasten nicht nur die Personalkosten, sondern wirken sich auch negativ auf das Betriebsklima aus. Doch was ist, wenn ein Mitarbeiter häufig auf die Toilette geht? Kann sich das negativ auf sein Gehalt auswirken?

Auf keinen Fall! Wer häufig die Toilette aufsucht, hat in der Regel ein gesundheitliches Problem – und verweigert nicht die Arbeit. Und das erlaubt Arbeitgebern nicht, ihren Mitarbeitern diese Zeit vom Gehalt abzuziehen. Das wäre nur möglich, wenn ein Mitarbeiter seine Arbeit vorsätzlich verweigern würde, um sich auf der Toilette auszuruhen.

So sieht es übrigens auch das Arbeitsgericht Köln (Az.: 6 Ca 3846/09): Der Inhaber einer Anwaltskanzlei ließ die Toilettengänge eines Angestellten protokollieren. Heraus kamen innerhalb von zwei Wochen 384 Minuten, die er auf der Toilette verbrachte. Daraufhin kürzte der Inhaber seinem Mitarbeiter das Gehalt um 680 Euro.

Der Fall landete vor Gericht, das dem Mitarbeiter Recht gab. Der nämlich hatte in der Zeit Verdauungsprobleme. Und das kann beim besten Willen nicht als vorsätzliche Arbeitsverweigerung angesehen werden.

Darf ein Arbeitgeber Gehaltszahlungen einstellen, wenn er insolvent ist?

Kommt das Gehalt schleppend oder gar nicht, ist das häufig ein Warnsignal, das auf eine drohende Insolvenz des Arbeitgebers hindeutet. Ist die Insolvenz erst einmal da, sind nicht nur Arbeitsplätze, sondern auch Lohnansprüche in Gefahr.

Nach der Insolvenzordnung haben finanzielle Ansprüche der Mitarbeiter, die **vor** Verfahrenseröffnung entstehen, keinen Vorrang vor den Ansprüchen anderer Gläubiger. **Nach** Verfahrenseröffnung entstandene Forderungen – also auch Gehälter – sind hingegen vorweg aus der Insolvenzmasse zu begleichen.

Wichtig: Ist kein Geld mehr in der Unternehmenskasse, gehen die Mitarbeiter leer aus. Möchten sie sich dagegen wehren, bleibt ihnen nur der Weg zum Arbeitsgericht und zur Agentur für Arbeit. Dort sollten sie einen Antrag auf Insolvenzgeld stellen.

Das Arbeitsverhältnis endet bei Eröffnung des Insolvenzverfahrens aber nicht automatisch. Die Praxis zeigt allerdings, dass Arbeitgeber oder Insolvenzverwalter das Beschäftigungsverhältnis häufig kündigen. Die Kündigungsfrist nach Eröffnung des Verfahrens beträgt meist drei Monate zum Monatsende, wenn im Arbeits- oder Tarifvertrag nicht eine kürzere Frist vereinbart ist.

Wie können Mitarbeiter bei einer Insolvenz ihre Lohnansprüche geltend machen?

Die Lohnansprüche von Mitarbeitern sind vor der Insolvenzeröffnung sogenannte Insolvenzforderungen. Das heißt, der Mitarbeiter ist ein sogenannter Insolvenzgläubiger. Nach der Insolvenzeröffnung spricht man von Masseforderungen: Der Mitarbeiter ist ein sogenannter Massegläubiger.

Wichtig: Um am Insolvenzverfahren teilnehmen zu können, müssen Mitarbeiter als Insolvenzgläubiger ihren Anspruch schriftlich beim Insolvenzverwalter anmelden. Sie erhalten dann jedoch lediglich einen »quotalen Anteil« aus der Insolvenzmasse.

Als Massegläubiger haben Mitarbeiter einen Anspruch auf »bevorzugte vollständige Befriedigung« aus der

Insolvenzmasse – sofern diese ausreicht. Stellt sich heraus, dass die Insolvenzmasse nicht ausreicht, wird der Insolvenzverwalter eine sogenannte Masseunzulänglichkeit bei Gericht einreichen.

Woher bekommen Mitarbeiter bei einer Insolvenz Geld?

Liegt offiziell eine Insolvenz vor, können Mitarbeiter bei der Agentur für Arbeit Insolvenzgeld beantragen. Das gibt es, wenn das Insolvenzverfahren eröffnet (1. Insolvenzereignis), der Antrag auf Eröffnung mangels Masse abgewiesen (2. Insolvenzereignis) oder die Betriebstätigkeit im Inland vollständig eingestellt wurde, ein Antrag auf Eröffnung nicht gestellt worden ist und ein Insolvenzverfahren offensichtlich mangels Masse nicht in Betracht kommt (3. Insolvenzereignis).

Das Insolvenzgeld gibt es für die dem Insolvenzereignis vorausgehenden drei Monate, in denen kein Arbeitsentgelt gezahlt wurde.

Wichtig: Der Antrag auf Zahlung von Insolvenzgeld muss innerhalb von zwei Monaten nach Eintritt des Insolvenzereignisses gestellt werden. Unter Umständen kommt eine zweimonatige Nachfrist in Betracht, auf die sich Mitarbeiter aber nicht verlassen sollten.

6. Kapitel

Die Kündigung

Können Mitarbeiter den Job
vor Antritt wieder kündigen?

Wer auf der Suche nach einem Job ist, freut sich riesig, wenn er seinen Arbeitsvertrag endlich in den Händen hält. Haben beide, also Arbeitgeber und -nehmer, den Arbeitsvertrag unterschrieben, hat der seine Gültigkeit. Das heißt, beide Seiten verpflichten sich, die im Arbeitsvertrag stehenden Punkte zu erfüllen. Möchte der Mitarbeiter die Tätigkeit nun doch nicht antreten, muss er den Vertrag kündigen – auch wenn der Job noch nicht angefangen hat. Dazu kann der Mitarbeiter ordentlich oder außerordentlich kündigen.

Einfacher und rechtssicherer aber ist, wenn Arbeitgeber und Mitarbeiter eine Aufhebungsvereinbarung schließen. Verweigert der Arbeitgeber das, muss der Mitarbeiter unter Einhaltung der Kündigungsfrist schriftlich kündigen. Gründe muss er nicht angeben.

Ein Problem kann es da allerdings mit der Kündigungsfrist geben. Wer aus dem Vertrag heraus will, möchte das natürlich sofort. Akzeptiert der Arbeitgeber das nicht, wird der Mitarbeiter die Kündigungsfrist einhalten müssen.

Hält sich der Mitarbeiter nicht an die Kündigungsfrist und entsteht so ein nachweisbarer Schaden, kann das Unternehmen einen Schadenersatzanspruch geltend machen. Daher ist es ratsam, wenn Mitarbeiter das Gespräch suchen, um eine Aufhebungsvereinbarung zu schließen.

Generell ausgeschlossen ist eine Kündigung vor Jobantritt, wenn das explizit im Arbeitsvertrag vereinbart oder wenn diese vor Arbeitsbeginn als sittenwidrig anzusehen ist. Das kommt in der Praxis allerdings selten vor.

Können Mitarbeiter gegen ihre Kündigung Einspruch erheben?

Wenn Mitarbeiter die Kündigung erhalten, ist der Schock zunächst groß. Deshalb sollte man erst einmal Ruhe bewahren, sich gut informieren sowie einen Rechtsbeistand in Form eines Anwalts einschalten. Denn dieser kennt die richtigen Vorgehensweisen und Möglichkeiten.

Auf keinen Fall sollten Mitarbeiter vorschnell einen Aufhebungsvertrag unterzeichnen. Dieser schließt nämlich die Möglichkeit einer Kündigungsschutzklage aus, da der Kündigungsschutz bei dieser einvernehmlichen Vertragsauflösung nicht greift. Zudem bringt er gravierende Nachteile mit sich wie die Verhängung einer Sperrzeit durch die Agentur für Arbeit (Zahlungssperre bis zu zwölf Wochen), was häufig übersehen wird. Auch ist der Krankenversicherungsschutz gefährdet.

Wichtig: Die Weichen für den Einspruch gegen eine Kündigung stellen sich schon in den ersten Tagen nach der Entlassung. Will der Mitarbeiter also etwas gegen die Kündigung unternehmen, muss er unbedingt innerhalb von drei Wochen handeln und gegebenenfalls eine Kündigungsschutzklage erheben.

Dabei ist es egal, ob ihm betriebsbedingt, verhaltensbedingt, personenbedingt oder im Rahmen einer Änderungskündigung gekündigt wurde. Ansonsten verliert er in der Regel alle Chancen vor Gericht. Das gilt auch für fristlose Kündigungen. Möchte ein Mitarbeiter also gegen seine Kündigung vorgehen, hat er dafür ab dem Tag der Kündigungszustellung nur drei Wochen Zeit.

Wichtig: Die Klagefrist beginnt mit dem Zugang der Kündigung. Für die Einhaltung der Frist ist entscheidend, wann die Kündigungsschutzklage beim Arbeitsgericht eingegangen ist.

Der Tag, an dem die Kündigung zugeht, zählt übrigens nicht mit. Ist der letzte Tag der Frist ein Samstag oder Sonntag, endet die Frist am darauffolgenden Werktag. Und für die Erhebung der Kündigungsschutzklage ist ihr Eingang bei Gericht ausschlaggebend, nicht der Eingang beim Arbeitgeber.

Die Drei-Wochen-Frist läuft auch bei Abwesenheit des Arbeitnehmers zum Beispiel im Urlaub oder bei Krankheit, sogar bei einem Krankenhausaufenthalt. Unter Umständen muss dann die Wiedereinsetzung beziehungsweise die nachträgliche Zulassung beim Arbeitsgericht beantragt werden.

Als Zugangsdatum zählt im Normalfall der Zeitpunkt der persönlichen Übergabe oder des Einwurfes in den Briefkasten. Nur wenige besondere Umstände, von denen der Arbeitgeber Kenntnis gehabt haben muss, gestatten Ausnahmen – beispielsweise die fehlende Einleitung eines Zustimmungsverfahrens bei Schwerbehinderten oder Schwangeren.

Wichtig: Der Arbeitnehmer kann die Kündigungsschutzklage selbst abfassen und zum Arbeitsgericht bringen. Das Risiko, dabei gravierende Fehler zu machen, ist jedoch sehr hoch. Daher sollte er unbedingt fachliche Hilfe einschalten.

Gewerkschaftsmitglieder können ihre Rechtsschutzversicherung nutzen und sich von einem Rechtsschutzsekretär vertreten lassen, andere Arbeitnehmer können einen der spezialisierten Anwälte beauftragen. Und auch die Rechtsantragsstelle beim Arbeitsgericht nimmt Klagen auf.

Nach Erhebung der Kündigungsschutzklage kommt es zu einem Gütetermin. Dieser Termin dient einer einvernehmlichen Trennung zwischen Arbeitgeber und Mitarbeiter. Scheitert die Güteverhandlung, findet nach ungefähr ein bis sieben Monaten ein Kammertermin statt. Der Arbeitgeber muss bis zu diesem Termin nachweisen, dass die Kündigungsgründe wirklich vorliegen, der Arbeitnehmer kann dem Vortrag widersprechen.

Ergibt die Verhandlung, dass die Kündigungsschutzklage begründet ist, besteht das Arbeitsverhältnis fort und der Arbeitgeber muss den Lohn, der sich unter Umständen bis zu einer gerichtlichen Entscheidung aufgebaut hat, nachzahlen. Allerdings kann das Arbeitsgericht das Arbeitsverhältnis trotzdem auflösen. Das ist der Fall, wenn das Arbeitsverhältnis als unzumutbar zerrüttet gilt.

Dem Mitarbeiter wird dann nach Stellung eines Auflösungsantrages eine Abfindung zugesprochen, sollte der Auflösungsantrag begründet sein. Ziel der Kündigungsschutzklage soll aber in erster Linie die Fortführung des Arbeitsverhältnisses sein.

Während des Verfahrens vergeht viel Zeit, oft bis zu einem Jahr oder länger. Bei Berufung und Revision kann es sogar bis zu drei Jahre dauern. Für den Arbeitgeber erhöht sich dadurch der Druck, denn bei erfolgreicher Schutzklage muss er dem Mitarbeiter den vollen Lohn für diese Zeit nachzahlen, auch wenn der gar nicht bei ihm gearbeitet hat. In der Zeit danach muss er ihn bei einem verlorenen Prozess wieder beschäftigen oder sich mit einer höheren Abfindungszahlung »freikaufen«.

Gute Chancen vor Gericht haben Mitarbeiter etwa, wenn der Kündigungsgrund nicht zutreffend ist oder vorm Arbeitsgericht nicht bewiesen werden kann, wenn der Betriebsrat zur Kündigung nicht ordnungsgemäß angehört wurde oder wenn bei der Kündigung eines Schwerbehinderten nicht zuvor die Zustimmung des Integrationsamts eingeholt wurde.

Können Mitarbeiter ihren Job verlieren, wenn sie ständig krank sind?

Ist ein Mitarbeiter nicht mehr in der Lage, seine Arbeitsleistung zu erfüllen, können Arbeitgeber personenbedingt kündigen. Das ist zum Beispiel der Fall, wenn ein Mitarbeiter aufgrund einer Krankheit nicht mehr arbeitsfähig ist, seine Leistung stark gesunken ist oder seine Qualifikation verloren gegangen ist.

Wichtig: Für personenbedingte Kündigungen sind die gesetzlichen Anforderungen sehr hoch. Der Arbeitgeber ist daher gut beraten, vor Ausspruch der Kündigung ein betriebliches Eingliederungsmanagement durchzuführen.

So muss unter anderem auch eine negative Zukunftsprognose vorliegen. Das ist beispielsweise der Fall,
wenn ein alkoholabhängiger Arbeitnehmer bereits in
der Vergangenheit keine ausreichende Arbeitsleistung
erbrachte – und für die Zukunft auch keine Besserung
in Sicht ist. Wenn der Mitarbeiter zu einer unzumutbaren betrieblichen oder wirtschaftlichen Belastung
bzw. Störung der betrieblichen Arbeitsabläufe auch
für die Zukunft wird, darf der Arbeitgeber personenbedingt kündigen.

Mitarbeiter, die mehr als sechs Wochen im Jahr
krank sind, verursachen immer wieder enorme Lohnfortzahlungskosten und beeinträchtigen das betriebliche Interesse des Arbeitgebers. Arbeitgeber müssen
daher abwägen, ob solche Mitarbeiter für das Unternehmen wirtschaftlich tragbar sind.

*Wichtig: Ein Leistungsabfall von Mitarbeitern ist so-
wohl im Alter als auch durch persönliche Krisen hinzunehmen. Lediglich ein längerer Leistungsabfall, der
zur Belastung für Unternehmen wird, muss von
Arbeitgebern nicht akzeptiert werden.*

Möchte ein Arbeitgeber auf Nummer sicher gehen,
kann er die Krankenkasse informieren, die dann den
Medizinischen Dienst der Krankenkassen (MDK) be-
auftragt, den Mitarbeiter zu untersuchen. Der MDK
wird dann die Arbeitsunfähigkeit des Mitarbeiters

prüfen. Auf ihre Intimsphäre können Mitarbeiter sich hier nicht berufen.

Befürchtet ein Arbeitgeber bei häufigen Attests eine Gefälligkeit eines Mediziners, darf er diese Arbeitsunfähigkeitsbescheinigungen in Zweifel ziehen und ebenso den MDK einschalten.

Dürfen Arbeitgeber kündigen, wenn gegen einen Mitarbeiter ermittelt wird?

Ermittelt eine Behörde gegen einen Mitarbeiter, sind Arbeitgeber darüber nicht erfreut. Schließlich können Lieferanten und Kunden das zum Anlass nehmen, um sich vom Unternehmen abzuwenden. Dürfen Arbeitgeber in solchen Fällen kündigen?

Nein. Ein Ermittlungsverfahren allein ist kein Kündigungsgrund, denn es bestätigt noch nicht ein arbeitsvertragliches Fehlverhalten des Mitarbeiters. Und auch eine Freistellung bis zur Feststellung seiner Schuld bzw. Unschuld ist nicht möglich, denn dafür braucht es einen sachlichen Grund.

Allein die Tatsache, dass ein Ermittlungsverfahren eingeleitet wurde, reicht auch für eine Verdachtskündigung nicht aus. Ferner hat der Mitarbeiter aus dem Arbeitsvertrag einen Beschäftigungsanspruch. In solchen Fällen bleibt Arbeitgebern nur abzuwarten, wie sich das Verfahren entwickelt und wie sich eine

Verurteilung auf das Beschäftigungsverhältnis überhaupt auswirkt.

Wichtig: Weil eine Verdachtskündigung an strenge Voraussetzungen gebunden ist, verlangt das Arbeitsrecht dafür einen auf konkreten, objektiven Tatsachen beruhenden Verdacht. Der Mitarbeiter muss zudem immer vor Ausspruch der Kündigung angehört werden.

Was aber, wenn der Mitarbeiter rechtskräftig verurteilt ist, die Tat jedoch weiterhin bestreitet? Dann kann am Ende nur das Arbeitsgericht über die Möglichkeit einer Kündigung entscheiden. Und auch wenn das Gericht nicht an das Strafgerichtsurteil gebunden ist, kann es die Ergebnisse des Strafverfahrens unter Umständen heranziehen.

Dürfen Arbeitgeber kündigen, wenn eine Arbeitsunfähigkeitsbescheinigung fehlt?

Erkrankt ein Mitarbeiter, muss er seinen Arbeitgeber sofort darüber informieren – auch über die voraussichtliche Dauer seiner Erkrankung. Das Entgeltfortzahlungsgesetz verpflichtet Arbeitnehmer dazu.

Eine Arbeitsunfähigkeitsbescheinigung vom Arzt verlangen die meisten Arbeitgeber ab dem vierten Tag der Arbeitsunfähigkeit. Allerdings dürfen Arbeitgeber die auch deutlich früher – zum Beispiel bereits am ersten Tag der Arbeitsunfähigkeit – verlangen.

> *Tipp:* *Ein Blick in den Arbeitsvertrag lohnt sich, denn dort müssen Arbeitgeber aufführen, ab wann sie eine Arbeitsunfähigkeitsbescheinigung von ihren Mitarbeitern erwarten.*

Wer sich nicht an die vom Arbeitgeber vorgeschriebene Frist hält, verstößt gegen seinen Arbeitsvertrag und muss arbeitsrechtliche Sanktionen wie eine Abmahnung und im Wiederholungsfall die Kündigung fürchten – wie ein Urteil des Landesarbeitsgerichts Rheinland-Pfalz zeigt (Az.: 10 Sa 593/11).

Kann die Kündigung drohen, wenn ein krankgeschriebener Mitarbeiter zur Familienfeier geht?

Krankheiten lassen sich leider nicht planen, denn sonst würde man zu wichtigen Ereignissen grundsätzlich gesund sein. Doch was ist, wenn ein Mitarbeiter zwar krankgeschrieben ist, aber dennoch an einer Familienfeier teilnimmt? Ist ihm daraufhin zu kündigen?

Eine Arbeitsunfähigkeit entsteht zwar in der Regel

aufgrund einer Krankheit, allerdings führt nicht jede Krankheit auch zu einer Arbeitsfähigkeit. Für das Arbeitsrecht ist ein Mitarbeiter arbeitsunfähig, wenn er nicht mehr im Stande ist, seine Arbeit, die er laut Arbeitsvertrag zu erbringen hat, auszuführen oder wenn er sie zwar noch ausführen kann, dabei aber seinen Gesundheitszustand enorm verschlechtert.

Wichtig: Ein Mitarbeiter ist arbeitsfähig, auch wenn er nicht selbstständig zum Arbeitsort kommen, aber dennoch seine Arbeit erfüllen kann. So etwas trifft rein theoretisch bei Mitarbeitern zu, die mit einem Gipsbein dennoch ihre sitzende Tätigkeit ausüben können.

Eine Krankschreibung bedeutet also nicht, dass der betroffene Mitarbeiter zu Hause bleiben muss. Er ist lediglich verpflichtet, bestimmte Sorgfaltspflichten zu erfüllen. Dazu gehört etwa, die eigene Genesung nicht zu riskieren, sondern sie vielmehr zu fördern. Hält ein Mitarbeiter sich nicht daran, haben Arbeitgeber die Möglichkeit, abzumahnen und im Wiederholungsfall zu kündigen.

Das heißt konkret: Wer mit einem Burnout krankgeschrieben ist, kann durchaus zu einer Familienfeier gehen – wenn sich das förderlich auf seine Genesung auswirkt. Wer aufgrund eines Bandscheibenvorfalls arbeitsunfähig ist, ist auf einer Familienfeier nicht gut aufgehoben.

Kann der Chef kündigen, weil der Mitarbeiter zu langsam arbeitet?

Mitarbeiter unterscheiden sich hinsichtlich Herkunft, Geschlecht, Alter, der Leistungsfähigkeit und auch -bereitschaft. Bezüglich der Leistung reicht die Bandbreite vom High Performer bis zum Low Performer. Und das führt nicht selten zu Konflikten. Denn der leistungsstarke Mitarbeiter fühlt sich gegenüber dem leistungsschwächeren Arbeitnehmer im Nachteil. Doch kann das einen Kündigungsgrund darstellen?

Auf keinen Fall – wie ein Urteil des Arbeitsgerichts Magdeburg (Az.: 3 Ca 1917/11) zeigt: Einige Mitarbeiter weigerten sich, mit einem bestimmten Kollegen zusammenzuarbeiten, weil er ihnen zu langsam und seine Arbeitsleistung dementsprechend zu gering war. Denn ihr Lohn war als Leistungslohn vereinbart. Und deshalb wollte die Mitarbeitergruppe sich von dem langsamen Kollegen nicht in ihrem hohen Arbeitstempo behindern lassen.

Sie forderten ihren Arbeitgeber auf, den langsamen Kollegen zu entlassen. Zwei Arbeitnehmer drohten sogar mit ihrer Kündigung, sollte der Arbeitgeber nicht handeln. Der fügte sich dem Gruppendruck und kündigte dem langsamen Mitarbeiter.

Der wehrte sich erfolgreich vor Gericht gegen seine Kündigung, denn Mitarbeiter sind nicht verpflichtet, ihre Arbeit schnellstmöglich, sondern fehlerfrei zu erledigen. Dabei müssen sie noch nicht einmal die objektiv durchschnittlichste Leistung erbringen, sondern laut § 243 des Bürgerlichen Gesetzbuches nur eine durchschnittliche Arbeitsleistung von mittlerer Art und Güte.

Wichtig: Bevor Arbeitgeber aufgrund eines Leistungsdefizits kündigen dürfen, müssen sie eine Abmahnung aussprechen.

Im Streitfall müssen Arbeitgeber konkret belegen können, was an der Mitarbeiterleistung mangelhaft ist. Das heißt, sie müssen die durchschnittliche Leistung im Betrieb nachvollziehbar belegen können.

Droht Mitarbeitern aufgrund einer verbalen Entgleisung ihre Kündigung?

Liegen die Nerven blank, dann ist das Verschieben eines Meetings, die fehlende Milch oder der verspätete Kollege der berühmte Tropfen, der das Fass zum Überlaufen bringt. Nicht jeder hat sich dann unter Kontrolle. Kann dem Mitarbeiter infolge einer verbalen Entgleisung die Kündigung drohen?

Kommt darauf an. Wenn mit einem Mitarbeiter im Kollegenkreis, aber nach Feierabend die Pferde durchgehen, gilt das als vertrauliche Kommunikation. Hier muss der Mitarbeiter keine arbeitsrechtlichen Sanktionen befürchten – wie ein Urteil des Bundesarbeitsgerichts zeigt (Az.: 2 AZR 534/08).

Wer jedoch am Arbeitsplatz verbal entgleist, muss mindestens mit einer Abmahnung, wenn nicht gar mit einer fristlosen Kündigung rechnen. So hat das Arbeitsgericht Frankfurt am Main in einem Urteil entschieden (Az.: 22 Ca 9143/07), dass die verbale Attacke eines Auszubildenden gegen seinen Chef eine fristlose Kündigung rechtfertigte.

Wichtig: Das gilt übrigens auch für Vorgesetzte. Wenn sich ein Chef nicht unter Kontrolle hat, kann auch ihm die Kündigung durch den Arbeitgeber drohen – und zwar fristlos.

Kann der Chef kündigen, wenn ein Mitarbeiter unentschuldigt fehlt?

Erscheinen Mitarbeiter nicht zur Arbeit, erfüllen sie ihren Arbeitsvertrag nicht und müssen mit arbeitsrechtlichen Sanktionen wie einer Abmahnung oder Kündigung rechnen. Allerdings müssen Arbeitgeber vor einer solchen Maßnahme immer erst einmal prüfen, ob überhaupt eine Pflichtverletzung des Mitarbeiters vorliegt.

Wer beispielsweise nicht am Arbeitsplatz erscheint,

weil er auf dem Weg zur Arbeit einen Unfall hatte, wird nicht mit einer Abmahnung oder Kündigung rechnen müssen, wenn er oder eine andere Person das Fehlen erst verspätet meldet.

Auch berücksichtigen Arbeitsgerichte in solchen Fällen im Rahmen der Verhältnismäßigkeitsprüfung immer, wie lange ein Mitarbeiter unentschuldigt fehlt, welche Auswirkungen das auf das Unternehmen hat und ob es das erste Mal ist oder wiederholt vorgefallen ist. Und auch das Alter des Mitarbeiters, mögliche Unterhaltsverpflichtungen oder eine Schwerbehinderung spielen für die Gerichte bei ihrer Entscheidung eine Rolle.

Wichtig: Das Arbeitsrecht unterscheidet, ob tatsächlich ein unentschuldigtes Fehlen vorliegt oder nur eine verspätet gemeldete Arbeitsunfähigkeit. Letzteres rechtfertigt keine Kündigung.

Dürfen Mitarbeiter Arbeitsanweisungen aufgrund ihrer Religion verweigern?

In der Regel verpflichtet ein Arbeitsvertrag Beschäftigte dazu, die ihnen zugewiesenen Tätigkeiten auch zu erledigen. Tun sie das nicht, verletzen sie eine Hauptpflicht aus ihrem Arbeitsverhältnis. Die Folge: Ihr Vorgesetzter darf ihnen zunächst eine Abmahnung aussprechen und im Wiederholungsfall kündigen.

In einem Fall, der vor dem Landesarbeitsgericht München verhandelt wurde (Az.: 2 Sa 699/08), war eine Mitarbeiterin auch für die Besucherführungen im Unternehmen zuständig. Als sie für Führungen anlässlich von Kindergeburtstagen Namen und Geburtsdatum der Kinder notieren sollte (bei der Führung sollte ihnen gratuliert werden), weigerte die Arbeitnehmerin sich. Denn sie war Zeugin Jehovas und als solche verbiete es ihre Religion, Geburtstage zu feiern. Würde sie einem Kind gratulieren, käme das ihrem Glauben nach einer Geburtstagsfeier gleich.

Und obwohl Arbeitgeber von Mitarbeitern nichts verlangen dürfen, was sie aufgrund ihrer Religion in schwere Gewissenskonflikte bringen könnte, war die Kündigung des Arbeitgebers rechtens. Denn das Fragen nach Name und Geburtsdatum sowie das Gratulieren zum Geburtstag im Rahmen einer Führung stellen keine Geburtstagsfeier dar, so die Richter des Landesarbeitsgerichts.

Wichtig: In bestimmten Fällen haben Mitarbeiter das Recht, ihre Leistung gegenüber ihrem Arbeitgeber aufgrund ihrer Religion zu verweigern. Allerdings kommt es hier immer auf den Einzelfall an.

Gibt es ein Recht auf eine Abfindung?

Möchte sich ein Arbeitgeber von einem Mitarbeiter trennen, bietet er ihm nicht selten eine Abfindung an. Seine Hoffnung bzw. sein Ziel: eine schnelle Einigung mit dem Mitarbeiter. Haben Mitarbeiter generell ein Recht auf eine Abfindung?

Eine Abfindung ist eine Entschädigungszahlung an einen Mitarbeiter. Die erhält er, weil er seinen Arbeitsplatz verliert. Meist zahlen Arbeitgeber sie bei einer einvernehmlichen Arbeitsvertragsbeendigung, die in Form eines Auflösungs- oder Aufhebungsvertrages erfolgt.

Und auch bei einem Kündigungsschutzverfahren vor einem Arbeitsgericht kann es im Rahmen eines einvernehmlichen Vergleiches zwischen Arbeitgeber und Mitarbeiter zu einer Abfindungszahlung kommen. Diesen Weg gehen Arbeitgeber oft, wenn sie das Risiko eines langen Gerichtsverfahrens mit ungewissem Ausgang vermeiden wollen.

Einen Anspruch auf eine Abfindung haben Mitarbeiter allerdings nur, wenn der Tarifvertrag, eine Betriebsvereinbarung oder ein Sozialplan das vorsehen. Auf ein »Gewohnheitsrecht« können Mitarbeiter sich berufen, wenn aus dem Unternehmen ausscheidende Arbeitnehmer grundsätzlich eine Abfindung erhalten.

Wie hoch muss eine Abfindung mindestens sein?

Mit einer Abfindung erkaufen sich Arbeitgeber die Entlassung eines Mitarbeiters sowie den Risikoausschluss, sich über mehrere Instanzen mit ungewissem Ausgang streiten zu müssen. Wie hoch Abfindungen dabei sein müssen, ist allein Verhandlungssache und hängt vom Geschick der Parteien bzw. ihrer Rechtsvertreter ab. Denn eine gesetzlich vorgeschriebene Grenze für Abfindungshöhen gibt es nicht.

Arbeitsgerichte wenden im Streitfall bei der Abfindungshöhe folgende Faustformel an: ein halbes bis ein ganzes Bruttomonatsgehalt pro Beschäftigungsjahr. Individuelle Aspekte wie schlechte Jobchancen, die Familiensituation oder auch die positiven Erfolgsaussichten bei einer gerichtlichen Auseinandersetzung können die Abfindung in die Höhe treiben.

Können Arbeitgeber in der Probezeit von heute auf morgen kündigen?

Vereinbart ein Arbeitgeber mit einem Mitarbeiter eine Probezeit, möchte er die Zeit dazu nutzen, um den neuen Mitarbeiter kennenzulernen. Aber auch der Arbeitnehmer kann diese Zeit für sich nutzen und schauen, ob beide zueinander passen. Was aber, wenn der Arbeitgeber feststellt, dass der Mitarbeiter nicht zum Unternehmen und Team passt? Wird er ihn dann von heute auf morgen wieder los?

Unternehmen sind nicht verpflichtet, mit neuen Mitarbeitern eine Probezeit zu vereinbaren. Es sei denn, ein Tarif- oder Ausbildungsvertrag verpflichtet sie dazu. Viele Arbeitsverhältnisse beginnen jedoch mit einer Probezeit, die im Arbeitsvertrag geregelt wird.

Die Kündigungsfrist der Probezeit wird in § 622 des Bürgerlichen Gesetzbuches geregelt: Bei einer Probezeit von maximal sechs Monaten beträgt die Kündigungsfrist zwei Wochen. Allerdings ist auch eine kürzere (aufgrund tarifrechtlicher Regelungen) und längere Kündigungsfrist innerhalb der Probezeit möglich. Was konkret vereinbart wurde, können Mitarbeiter ihrem Arbeitsvertrag entnehmen.

Wichtig: Ein Arbeitgeber kann in der Probezeit nicht von heute auf morgen kündigen. Gründe für die Kündigung muss er allerdings nicht nennen. Außerdem kann er bis zum letzten Tag innerhalb der Probezeit kündigen – auch wenn die Kündigungsfrist dann über das Probezeitende hinaus geht.

Schwangere genießen bereits in der Probezeit einen besonderen Kündigungsschutz. Das heißt, ihnen ist nicht einfach zu kündigen. Es sei denn, es liegen eine besonders schwere Verfehlung (etwa ein Diebstahl) oder eine betriebsbedingte Kündigung (zum Beispiel aufgrund einer Insolvenz) vor. Dann aber benötigt der Arbeitgeber vorab die Zustimmung der zuständigen Aufsichtsbehörde.

Können Arbeitgeber bei einer vorgetäuschten Krankheit kündigen?

Zunächst einmal muss ein Arbeitgeber beweisen können, dass die Arbeitsunfähigkeit seines Mitarbeiters nur vorgetäuscht ist. Arbeitsgerichte erwarten hier konkrete Beweise, die das ärztliche Attest als falsch belegen.

Geht ein Mitarbeiter gegen seine Kündigung aufgrund einer vorgetäuschten Krankheit vor das Gericht, sind Arbeitgeber verpflichtet, dort ihre konkreten Beweise vorzutragen. Dem Mitarbeiter bleibt dann meist nur die Möglichkeit, seinen Arzt von der Schweigepflicht zu entbinden, damit er belegen kann, dass der Mitarbeiter tatsächlich arbeitsunfähig war. Diesen ärztlichen Vortrag muss dann erneut der Arbeitgeber entkräften.

Wichtig: Für Arbeitsgerichte ist ein ärztliches Attest in der Regel der Beweis dafür, dass ein Mitarbeiter tatsächlich arbeitsunfähig ist. Um das zu entkräften, müssen Arbeitgeber sehr konkrete Hinweise vorlegen

können, um das Gegenteil zu beweisen. In der Regel
geht das nur mit Hilfe des MDK.

Dürfen Arbeitgeber einem Mitarbeiter, der Kollegen sexuell belästigt, kündigen?

Sexuelle Belästigung gehört in Deutschland zum Arbeitsalltag. Eine Umfrage der Antidiskriminierungsstelle des Bundes (ADS) von rund 1 000 Mitarbeitern ergab zum Beispiel, dass sich jeder zweite Mitarbeiter anzügliche Witze anhören, unsittliche Berührungen ertragen oder im Büro den Anblick aufreizender Bilder erdulden muss. Was können Arbeitgeber in solchen Fällen tun? Können sie dem sexuell belästigenden Mitarbeiter kündigen?

Arbeitgeber sind verpflichtet, ihre Mitarbeiter vor Belästigungen und Ähnlichem zu schützen – im Zweifel auch durch eine fristlose Kündigung. Unterstützung erhalten Arbeitgeber in solchen Fällen sogar vom Bundesarbeitsgericht (Az.: 2 AZR 258/11).

Eine Mitarbeiterin fühlte sich von einem ihrer Kollegen belästigt. Da sie ihn nicht dazu bringen konnte, sie in Ruhe zu lassen, bat sie ihren Arbeitgeber um Hilfe. Der redete daraufhin mit dem Mitarbeiter und informierte ihn darüber, dass er sowohl den dienstlichen als auch den privaten Kontakt zu der Kollegin zu unterlassen hatte. Würde er sich nicht an diese Anweisung halten, müsste er auf jeden Fall mit arbeitsrechtlichen Konsequenzen rechnen, so der Arbeitgeber weiter. Nach dieser Ansage kehrte zunächst Ruhe ein.

Gut zwei Jahre später fühlte sich eine andere Mitarbeiterin von diesem Kollegen und seiner unerträglichen Art belästigt. Er schickte ihr gegen ihren Willen zahlreiche E-Mails, rief sie ohne dienstlichen Anlass im Büro an, suchte sie dort auf, mischte sich in ihr Privatleben ein und drohte ihr am Ende sogar, dass er dafür sorgen könnte, dass sie keine feste Anstellung erhielt. Nach Anhörung beider Seiten kündigte der Arbeitgeber diesem Mitarbeiter fristlos – ohne eine vorherige Abmahnung auszusprechen.

Wichtig: Auf eine Abmahnung als Warnschuss kann verzichtet werden, wenn eine zukünftige Verhaltensänderung nicht zu erwarten ist oder eine Pflichtverletzung so schwer ist, dass dem Arbeitgeber eine Zusammenarbeit nicht mehr zuzumuten ist.

Dürfen Chefs Whistleblowern kündigen?

Korruption in Unternehmen ist auch in Deutschland ein Thema. Aufgedeckt werden allerdings nur die wenigsten Straftaten, denn viele Mitarbeiter befürchten ihre Kündigung, sollten sie Behörden darüber informieren. Doch dürfen Arbeitgeber in solchen Fällen dem Mitarbeiter kündigen, der auf die Straftat hinweist?

Bis vor einigen Jahren riskierten Mitarbeiter, die Missstände oder gar Straftaten ihrer Arbeitgeber nach außen trugen, in Deutschland eine verhaltensbedingte Kündigung. Arbeitsrichter sahen in diesem Verhalten der sogenannten »Whistleblower« – derjenigen, die den Arbeitgeber »verpfeifen« – eine Verletzung der Loyalitätspflicht. Das hat sich mittlerweile geändert. Stellt ein Mitarbeiter heute fest, dass sein Vorgesetzter Straftaten begeht, kann er gegen ihn Strafanzeige erstatten. Er muss also nicht die fristlose Kündigung befürchten, wenn er nicht Rücksicht auf die Interessen seines Arbeitgebers nimmt.

Wichtig: Zeigen Mitarbeiter Vorgesetzte bei der Strafverfolgungsbehörde an, nehmen sie »nur« ihre staatsbürgerlichen Rechte wahr, auch, wenn sie dafür Geschäftsgeheimnisse preisgeben. Sie sollten sich dann aber wirklich sicher sein, dass ihre Beobachtungen tatsächlich zutreffen.

Können Mitarbeiter in der Probezeit per SMS kündigen?

Eine Kündigung in der Probezeit ist sowohl für Arbeitgeber als auch für Mitarbeiter schnell und einfach umzusetzen. Eine SMS jedoch reicht generell nicht aus, wie ein Mitarbeiter schmerzlich zu spüren bekam.

Dieser kam bereits zwei Wochen nach seinem Arbeitsbeginn (also noch in der Probezeit) aufgrund einer Autopanne nicht mehr zur Arbeit. Und weil die Reparatur seines Autos länger dauern würde, schickte der Mitarbeiter per SMS die Nachricht, dass er bis auf Weiteres nicht zur Arbeit erscheinen könne. Der Arbeitgeber antwortete prompt – ebenfalls per SMS: Er möge doch die Arbeitskleidung zurückschicken. Seine Kündigung würde er schriftlich per Post erhalten.

Strittig zwischen beiden Seiten war, ob die schriftliche Kündigung abgeschickt wurde und den Mitarbeiter erreicht hatte. Fakt aber war, dass der Mitarbeiter nach seiner SMS nicht mehr an seinem Arbeitsplatz erschien. Vielmehr meldete er sich bei der Agentur für Arbeit als arbeitssuchend. Diese erkannte die SMS-Kündigung des Arbeitgebers jedoch nicht an.

Der Fall landete vor dem Arbeitsgericht Bochum, was bekräftigte, dass Kündigungen grundsätzlich in Papierform (Stichwort: Schriftformerfordernis) erfolgen müssen (Az.: 5 Ca 1725/12). Das Unternehmen hatte allerdings Glück, denn den Lohn für die unwirksame Kündigung musste es nicht nachzahlen. Die Begründung der Richter: Der Mitarbeiter hätte erscheinen und signalisieren müssen, dass er wieder arbeiten könne und wolle. Er informierte seinen Arbeitgeber jedoch noch nicht einmal darüber, dass er wieder einsatzfähig war. Er war zwar noch angestellt, hatte aber keinen Anspruch auf seinen Lohn für die Zeit des Nichtstuns.

***Wichtig:** Wer wirksam kündigen möchte, muss das grundsätzlich schriftlich tun.*

Müssen Mitarbeiter bei einer Insolvenz kündigen?

Nein! Wird ein zahlungsunfähiges Unternehmen nicht zerschlagen, sondern der Betrieb bzw. einzelne Betriebsteile verkauft, gehen die bestehenden Arbeitsverhältnisse auf den Käufer des Betriebes über. Dabei muss noch nicht einmal ein neuer Arbeitsvertrag geschlossen werden.

Der Insolvenzverwalter kann allerdings auch mit einer Kündigungsfrist von drei Monaten zum Monatsende kündigen. Auch dann, wenn ursprünglich längere Kündigungsfristen oder längere Befristungen vereinbart waren. Zudem kann er auch kündigen, wenn ein Kündigungsverbot bestand. Im Klartext: Insolvenzverwalter müssen sich nicht an längere Kündigungsfristen oder befristete Arbeitsverträge halten, sondern können Kündigungen leichter und früher aussprechen.

Dürfen Arbeitgeber kündigen, wenn Mitarbeiter nicht mehr arbeiten können?

Wenn ein Mitarbeiter zwar noch arbeiten will, aber nicht mehr kann, können Arbeitgeber personenbedingt kündigen. Diese Kündigung greift allerdings nur, wenn Mitarbeiter wirklich nicht mehr in der Lage sind, ihre aus dem Arbeitsvertrag resultierenden Arbeitsaufgaben zu erfüllen. Neben der Arbeitsunfähigkeit aufgrund einer Krankheit kommen hier auch der Rückgang der Leistungsfähigkeit, der Wegfall von Qualifikationen oder das Erreichen der Altersgrenze in Frage.

Wichtig: Die Arbeitsunfähigkeit aufgrund einer Krankheit ist der häufigste personenbedingte Kündigungsgrund. Die Anforderungen, diese Kündigung erfolgreich durchzusetzen, sind jedoch sehr hoch.

Deshalb müssen bei personenbedingten Kündigungen drei Voraussetzungen vorliegen: Es muss eine negative Zukunftsprognose vorliegen. Ein Bauarbeiter mit erheblichen Rückenproblemen beispielsweise hat eine solche negative Zukunftsprognose, wenn seine Arbeitsleistung in der Vergangenheit schon sehr zu wünschen übrig ließ und der Zustand zukünftig keine Besserung, sondern eher eine Verschlechterung verspricht. Dann wird er auch zukünftig nicht mehr in der Lage sein, Schachtarbeiten und Ähnliches durchzuführen. Ferner muss eine unzumutbare betriebliche oder wirtschaftliche Belastung oder Störung der betrieblichen Arbeitsabläufe vorliegen. Das ist beispielsweise der Fall, wenn ein Mitarbeiter mehr als sechs Wochen im Jahr krank ist und so immer wieder außergewöhnlich hohe Lohnfortzahlungskosten verursacht. Und zu guter Letzt muss ein Arbeitgeber abwägen, ob die Folgen für das Unternehmen (beispielsweise der wirtschaftliche Schaden) so belastend sind, dass dem Mitarbeiter, der in der Vergangenheit zuverlässig war und erst jetzt durch ein Leistungsunvermögen auffällt, gekündigt werden kann.

Wichtig: Ein Sonderfall der personenbedingten Kündigung ist der Leistungsabfall des Mitarbeiters. Er ist im Alter aber hinzunehmen, und auch persönliche Krisen sind normal.

Längere Leistungsabfälle jedoch muss der Arbeitgeber nach den drei obigen Kriterien beurteilen. Genauso muss er verfahren, wenn bestimmte Qualifikationen während des Jobs entfallen. Verliert beispielsweise ein Busfahrer dauerhaft seinen Führerschein, kann das die personenbedingte Kündigung rechtfertigen.

Können Kunden die Kündigung eines Mitarbeiters verlangen?

Setzen Kunden, Lieferanten oder auch Arbeitskollegen durch massive Beschwerden die Kündigung eines Mitarbeiters durch, spricht man von einer Druckkündigung: Der Arbeitgeber gerät in eine betriebliche Zwangssituation, die ihn zur Kündigung des Betroffenen zwingt.

Wichtig: Die Rechtsprechung lässt Druckkündigungen zu – allerdings als allerletzte Notmaßnahme des Arbeitgebers.

Ist ein Mitarbeiter beispielsweise aufgrund seiner äußerst peniblen Auslegung von Verträgen bei Lieferanten unbeliebt, weil seine Auslegung nicht nur von der seines Vorgängers abweicht, sondern auch den Arbeitsablauf für die Lieferanten erschwert, können diese mit der gemeinschaftlichen Kündigung der Vertragsbeziehungen drohen – falls der Mitarbeiter nicht »verschwindet«.

Allerdings müssen sich Arbeitgeber zunächst aufgrund ihrer arbeitsvertraglichen Fürsorgepflicht, die sie gegenüber ihren Mitarbeitern haben, um eine Lösung bemühen (etwa eine Versetzung). Mitarbeiter sind verpflichtet, sich an Lösungsversuchen zu beteiligen. Sofern es Arbeitgebern nicht gelingt, bleibt ihnen nur das letzte Mittel der betriebsbedingten Druckkündigung.

Neben der echten kann es andere Gründe für eine Druckkündigung eines Mitarbeiters geben. So bilden Eignungsmängel oder verhaltensbedingte Gründe nicht selten die Grundlage für den Arbeitgeber, eine Druckkündigung auszusprechen.

Ist ein Kollege im Team extrem unbeliebt, weil er beispielsweise durch Anweisungen Mitarbeiter regelmäßig demütigt und – gerade noch im Rahmen der Legalität – benachteiligt, kann ein »Mitarbeiteraufstand« die Folge sein. Um einen wirtschaftlichen Schaden abzuwenden, müssen Arbeitgeber handeln. Rechtfertigung finden sie auch hier in einer Druckkündigung, die sich auf die mangelnde Eignung oder das Verhalten des Betroffenen berufen kann.

Wichtig: Arbeitgeber sind nicht verpflichtet, betroffene Mitarbeiter vor dem Aussprechen einer Druckkündigung anzuhören. Das ist nur bei Verdachtskündigungen der Fall.

Darf der Arbeitgeber einem Burnout-Erkrankten kündigen?

Fallen Mitarbeiter über einen längeren Zeitraum aus, spricht das Arbeitsrecht von Langzeiterkrankungen.

In diesem Fall haben Arbeitgeber das Recht, das Arbeitsverhältnis zu beenden. Eine Abmahnung müssen Arbeitgeber vor einer krankheitsbedingten Kündigung nicht aussprechen.

Wichtig: In Betrieben, in denen das Kündigungsschutzgesetz greift (also in der Regel ab einer Größe von mehr als zehn Vollzeitbeschäftigten), gelten für krankheitsbedingte Kündigungen jedoch strenge Regeln.

Damit die Kündigung vor Gericht überhaupt Bestand hat, müssen auch hier drei Voraussetzungen erfüllt sein: Der Gesundheitszustand des Mitarbeiters bessert sich aller Voraussicht nach nicht in absehbarer Zeit. »Absehbare Zeit« bedeutet in diesem Zusammenhang in den nächsten 24 Monaten.

Die absehbaren weiteren Fehlzeiten oder gerade die Ungewissheit über die Rückkehr des Mitarbeiters führen für den Arbeitgeber zu unzumutbaren betrieblichen (zum Beispiel Störungen im Betriebsablauf) oder wirtschaftlichen (zum Beispiel Lohnfortzahlungskosten) Belastungen. Letzteres wird bei Langzeiterkrankten aber kaum in Betracht kommen. Denn der Arbeitgeber muss dem erkrankten Mitarbeiter lediglich sechs Wochen lang seinen Lohn zahlen, danach springt die Krankenkasse ein und zahlt dem erkrankten Mitarbeiter ein Krankengeld. Und schließlich drittens: Es ist für den Arbeitgeber nicht zumutbar, den Mitarbeiter weiterzubeschäftigen und damit die entsprechenden Beeinträchtigungen hinzunehmen.

Um das zu beurteilen, werden die wirtschaftlichen Interessen des Arbeitgebers und die des Mitarbeiters gegeneinander abgewogen. Einem langjährigen Mitarbeiter gegenüber ist ein Unternehmen zum Beispiel im Krankheitsfall zu mehr Rücksicht verpflichtet als etwa gegenüber einer gerade eingestellten Aushilfe.

Auch spielt es eine Rolle, ob der gekündigte Mitarbeiter in der Vergangenheit wegen häufiger Kurzerkrankungen oder wegen einer lang andauernden Krankheit ausgefallen ist. Denn häufige Fehlzeiten können für eine schlechte Grundverfassung des Mitarbeiters sprechen, die weitere Ausfälle für die Zukunft erwarten lässt.

Wenn ein Mitarbeiter in einem Jahr jedoch mehrere Wochen wegen einer Grippe, eines Beinbruchs und eines Magen-Darm-Infekts ausgefallen ist, spricht dies eher für eine Ansammlung unglücklicher Umstände, die sich kaum wiederholen werden. Eine negative Gesundheitsprognose liegt dann nicht vor.

Wichtig: Der Krankheitszustand zum Zeitpunkt der Kündigung entscheidet darüber, ob eine Kündigung möglich ist oder nicht. Nur so kann der Arbeitgeber eine Prognose über die künftige Arbeitsfähigkeit oder Arbeitsunfähigkeit seines Mitarbeiters stellen.

Landet die Auseinandersetzung vor Gericht, muss der »dauerkranke« Mitarbeiter belegen, dass mit einer baldigen Genesung zu rechnen ist. Dazu muss er notfalls die behandelnden Ärzte von der Schweigepflicht entbinden. Verbessert sich sein Gesundheitszustand im Laufe des Kündigungsstreits, hat er unter Umständen einen Anspruch darauf, wieder eingestellt zu werden – allerdings nur, wenn er wieder völlig arbeitsfähig ist. Ist nicht damit zu rechnen, dass der erkrankte Mitarbeiter künftig seltener wegen Krankheit fehlen wird, muss der Arbeitgeber im zweiten Schritt belegen, dass dadurch seine betrieblichen Interessen beeinträchtigt sind.

Darf der Arbeitgeber bei Kündigungen zuerst alle jungen Mitarbeiter entlassen?

Nehmen wir an, ein Arbeitgeber muss eine ganze Reihe von Mitarbeitern entlassen. In der Regel erfolgt das nach einem Sozialplan. Doch was heißt das konkret? Die jungen Mitarbeiter müssen vor den älteren gehen?

Wer eine betriebsbedingte Kündigung erhält, kann sich meist erfolgreich dagegen wehren, denn neben einem zutreffenden Kündigungsgrund muss auch eine fehlerfreie Sozialauswahl durch den Arbeitgeber vorgenommen werden. Und gerade bei der sozialen Auswahl passieren häufig Fehler.

Die soziale Auswahl dient dazu, dass nur derjenige entlassen wird, der nach sozialen Kriterien des geringsten Schutzes bedarf. Das heißt, der Arbeitgeber hat bei der Auswahl, wen er entlässt, nicht die freie Entscheidung. Er darf nur die Mitarbeiter entlassen, die am wenigsten auf ihren Arbeitsplatz angewiesen sind.

Um die Mitarbeiter nach diesen Kriterien miteinander zu vergleichen, sind zunächst alle Arbeitnehmer einzubeziehen, die auf derselben Hierarchiestufe stehen. In einem Bauunternehmen sind das zum Beispiel alle Kraftfahrer oder alle Bauleiter. Aufschluss darüber geben die Beschreibung der Stelle im Arbeitsvertrag, die tarifliche Eingruppierung sowie die Tätigkeits- und Aufgabenbereiche.

Ist der Kreis der Mitarbeiter definiert, muss der Arbeitgeber innerhalb dieser Gruppe die sozial stärkeren Mitarbeiter ermitteln, was über die vier Grundkriterien Alter, Betriebszugehörigkeit, Schwerbehinderung und Unterhaltspflichten erfolgt.

Für die Gewichtung dieser Punkte gibt es jedoch keine Kriterien. Das heißt, Arbeitgeber haben hier jeweils einen Bewertungsspielraum, da sich eine Wertigkeit dieser vier Kriterien untereinander nicht festlegen lässt.

Wichtig: Glaubt ein Mitarbeiter, dass der betriebsbedingte Kündigungsgrund nicht existiert oder die getroffene Sozialauswahl nicht gerecht war, kann und sollte er aktiv werden und innerhalb von drei Wochen ab Zugang der Kündigung Kündigungsschutzklage erheben.

Zunächst sollte der Mitarbeiter deshalb die Entscheidungskriterien für die Sozialauswahl in Erfahrung bringen. Arbeitgeber sind verpflichtet, ihm die Gründe, die zur Sozialauswahl geführt haben, zu nennen. Hat der Arbeitgeber mitgeteilt, wen er in die Sozialauswahl einbezogen und welche Sozialdaten er miteinander verglichen hat, kann der Mitarbeiter seinem Arbeitgeber eventuell Fehler nachweisen. Ist das der Fall, dann ist die Kündigung unwirksam.

Sind Aufhebungsverträge eine gute Alternative zur Kündigung?

Ein Aufhebungsvertrag kann für Arbeitgeber und Mitarbeiter interessant sein – nämlich dann, wenn sie das Arbeitsverhältnis öffentlich nicht erkennbar mit einer Kündigung beenden wollen und ein Anschlussarbeitsverhältnis in Aussicht steht. Er regelt also einvernehmlich die Beendigung des Arbeitsverhältnisses, ohne dass dabei überhaupt eine Kündigung im Raum steht.

Wichtig: *Mitarbeiter müssen wissen, dass ein Auf-hebungsvertrag zu einer dreimonatigen Sperre beim Arbeitslosengeld führen kann.*

Die Agentur für Arbeit vermutet bei einem Auf-hebungsvertrag (wie auch bei einer Kündigung wegen Fehlverhaltens des Mitarbeiters) eine durch diesen selbst verursachte Arbeitslosigkeit. Um den Miss-brauch des Arbeitslosengeldes durch die vom Mit-arbeiter »provozierte« Eigenkündigung zu vermeiden, verordnet die Agentur deshalb eine Sperrzeit ab Be-ginn der Arbeitslosigkeit. Innerhalb dieser Frist erhält der Arbeitslose also keine staatlichen Zuwendungen. Diese Sperre lässt sich in Aufhebungsverträgen – so-fern objektiv ein betriebsbedingter Kündigungsgrund vorliegt – unter Umständen durch eine einleitende Formulierung wie »zur Vermeidung einer sonst unum-gänglichen betriebsbedingten Kündigung« umgehen.

Können Mitarbeiter unterschriebene Aufhebungsverträge anfechten?

Jahrelang lief alles prima, doch plötzlich will ein Arbeitgeber nicht mehr mit einem Mitarbeiter zusam-menarbeiten. In einem Gespräch baut der Vorgesetzte Druck auf – und zwar so viel, dass der Mitarbeiter den vorgelegten Aufhebungsvertrag unterschreibt, seine

Sachen packt und das Unternehmen verlässt. Und weil das alles sehr schnell geht, besteht keine Bedenkzeit.

Was abenteuerlich klingt, ist in vielen Unternehmen leider Praxis. Wer dann nach einiger Zeit zu sich kommt und feststellt, dass er den Aufhebungsvertrag gar nicht hätte unterschreiben wollen, muss nicht den Kopf in den Sand stecken.

Wichtig: Liegt ein Anfechtungsgrund vor, können unterschriebene Aufhebungsverträge angefochten werden. Leicht ist es allerdings nicht.

Neben der Anfechtung aufgrund eines Irrtums (§ 119 Bürgerliches Gesetzbuch) ist auch eine Anfechtung wegen einer Drohung oder Täuschung möglich (§ 123 Bürgerliches Gesetzbuch). Wird die Unterschrift eines Mitarbeiters also unter Druck erzwungen, ist die Anfechtung des Aufhebungsvertrages möglich. Problematisch ist allerdings, dass der Arbeitnehmer beweisen muss, seine Unterschrift unter Druck getätigt zu haben.

Außerdem muss die Drohung des Arbeitgebers widerrechtlich sein (§ 123 Bürgerliches Gesetzbuch). Das heißt, der Arbeitgeber hat beispielsweise mit der fristlosen Kündigung gedroht, obwohl er dafür keine rechtliche Grundlage hatte. Dann ist der Aufhebungsvertrag anzufechten, wie ein Urteil des Bundesarbeitsgerichts zeigt (Az.: 6 AZR 1108/06).

Tipp: Wird ein Mitarbeiter unter Druck gesetzt, sollte er generell nichts vorschnell unterschreiben, sondern Bedenkzeit einfordern, um einen arbeitsrechtlichen Rat einholen zu können. Denn Arbeitgeber sind dazu verpflichtet, Arbeitnehmern ausreichend Zeit für eine Rechtsberatung oder Ähnliches zu gewähren.

Beschäftigungsgesellschaft – eine Pflicht für Mitarbeiter?

Sind Menschen erst einmal arbeitslos, wird der Rückweg auf den Arbeitsmarkt oft schwer. Denn je länger sie ohne Arbeit sind, desto mehr schwinden ihre Chancen. Ein Ausweg kann eine Beschäftigungsgesellschaft sein. Doch ist sie eine Pflicht für Mitarbeiter?

Beschäftigungsgesellschaften können eine Alternative zu betriebsbedingten Massenentlassungen darstellen: Für einen bestimmten Zeitraum werden betroffene Arbeitnehmer beschäftigt und auf eine neue Tätigkeit »vorbereitet«.

In vielen Fällen gründen Unternehmen im Krisenfall eigene Beschäftigungsgesellschaften. Daneben gibt es aber auch regionale oder überregionale staatliche Beschäftigungsgesellschaften, in die Unternehmen Mitarbeiter entsenden können.

Die Arbeitsverhältnisse zwischen Mitarbeiter und Arbeitgeber in einer Beschäftigungsgesellschaft funktionieren ganz »normal«. Es gelten die klassischen Arbeitnehmerrechte und -pflichten. Sie werden in Arbeitsverträgen formuliert und regeln Arbeitszeiten, Gehalt, Urlaub oder Laufzeit. Und sie beenden oft in einem Extra-Passus das vorherige Arbeitsverhältnis und begründen das neue mit der Beschäftigungsgesellschaft – auch Transfer- und Personalentwicklungsgesellschaft genannt.

In der Regel verändern sich Arbeitsinhalte und -bedingungen. Schließlich steht die Qualifizierung der betroffenen Mitarbeiter im Mittelpunkt. Das Gesetz verlangt von den Arbeitgebern sogar zwingend, dass die vorgesehene Maßnahme der Eingliederung der Arbeitnehmer in den Arbeitsmarkt dienen soll.

Das Gehalt kommt während der Anstellung in einer Beschäftigungsgesellschaft von der Bundesagentur für Arbeit sowie in Teilen von den Arbeitgebern. Der Arbeitgeber stockt meist das von der Bundesagentur für Arbeit gezahlte Transfer-Kurzarbeitergeld auf. Es beträgt 60 Prozent des letzten Nettolohns – bei Arbeitnehmern mit Kindern 67 Prozent.

Da die Zahlung des Transfer-Kurzarbeitergeldes meist auf maximal zwölf Monate beschränkt ist, enden Beschäftigungsverhältnisse in diesen Gesellschaften häufig auch nach diesem Zeitraum. Ausnahme: Der Arbeitgeber will die entstehende Lohnlücke selbst schließen.

Die Gehaltsaufstockung wird in den vorher vereinbarten Sozialplänen oder sonstigen kollektiv- oder individual-rechtlichen Vereinbarungen geregelt. Oft müssen die betroffenen Arbeitnehmer dafür auf Ansprüche wie beispielsweise die Einhaltung von längeren Kündigungsfristen verzichten. Sie haben die Wahl zwischen Arbeitslosigkeit bei Wahrung ihrer Rechte aus dem alten Arbeitsvertrag oder Übernahme in die Beschäftigungsgesellschaft.

Dürfen Chefs einfach eine Abmahnung aussprechen?

Mitarbeiter sind am Arbeitsplatz zur Arbeit verpflichtet – dafür erhalten sie ihren Lohn. Verstoßen sie gegen diese Pflicht, kann ihr Arbeitgeber eine Abmahnung aussprechen. Damit möchten Arbeitgeber ihre Mitarbeiter vor weiteren und schwerwiegenderen Maßnahmen wie beispielsweise einer Kündigung warnen.

Wichtig: Im Gegensatz zu einer Ermahnung soll die Abmahnung durch ihre rechtlichen Folgen Druck auf den Mitarbeiter aufbauen und ihn warnen.

Unentschuldigtes Fehlen oder das Missachten von Arbeitsanweisungen führen zwar die Liste der Abmahnungsgründe an. Daneben kommen aber auch Störungen im Bereich der betrieblichen Ordnung wie zum

Beispiel politische Meinungsäußerungen, ein Verstoß gegen Rauch- oder Alkoholverbote oder die Missachtung Vorgesetzter vor. Und auch Diebstähle, »unrichtige« Arbeitsberichte oder der Missbrauch von Betriebstelefonen können zu einer Abmahnung führen.

Sogar außerbetriebliches Verhalten kann in besonderen Ausnahmefällen eine Abmahnung nach sich ziehen. Voraussetzung: Dieses Verhalten wirkt sich unmittelbar auf das Arbeitsverhältnis aus. Das ist zum Beispiel der Fall, wenn ein Bankmitarbeiter außerhalb seiner Arbeitszeit stiehlt.

Eine Abmahnung soll dem Mitarbeiter in der Regel deutlich machen, dass ein wiederholtes Fehlverhalten Konsequenzen hat – meist die fristlose Kündigung. Wiederholt der Mitarbeiter sein Fehlverhalten, erhält der Arbeitgeber das Recht zur fristlosen Kündigung.

Beispiel für eine gerechtfertigte Abmahnung:

Die Kassiererin Frau Wagner muss ihren Dienst im Supermarkt laut Arbeitsvertrag um 7.00 Uhr beginnen. Sie kommt allerdings 15 Minuten zu spät, weil es wieder einmal Probleme mit dem Wagen gab. Der Arbeitgeber erteilt ihr daraufhin eine Abmahnung.

Berechtigt ist die Abmahnung, weil Frau Wagner ihre Arbeitspflicht (pünktlich zu erscheinen) verletzt hat, denn sie selbst muss dafür Sorge tragen, dass sie pünktlich zur Arbeit erscheint.

Beispiel für eine ungerechtfertigte Abmahnung:

Mitarbeiter Schmidt arbeitet in einem Großmarkt. Obwohl keine notwendigen betrieblichen Gründe vorliegen, fallen häufig Überstunden an. Grund: Das Unternehmen organisiert die Arbeitsabläufe falsch. Nun wird Herrn Schmidt wieder 30 Minuten vor Dienstschluss mitgeteilt, dass er zwei Stunden länger arbeiten soll. Er hat aber eine Verabredung und verlässt den Betrieb pünktlich. Daraufhin erteilt ihm der Arbeitgeber eine Abmahnung.

Die Abmahnung ist unwirksam, weil Herr Schmidt keine Arbeitspflichten verletzt hat. Überstunden sind in der Regel nur in Notfällen anzuordnen – und nicht bei einem Organisationsverschulden auf Arbeitgeberseite. Darüber hinaus müssen Überstunden dem Arbeitnehmer rechtzeitig mitgeteilt werden, so dass er sich hierauf einstellen kann. Beides liegt im oben beschriebenen Fall nicht vor.

Sollten Mitarbeiter auf eine Abmahnung reagieren?

Erhält ein Mitarbeiter eine Abmahnung, hat er verschiedene Möglichkeiten, darauf zu reagieren. Er kann das Gespräch mit dem Arbeitgeber suchen, um eine einvernehmliche Lösung zu erzielen. Er kann eine Gegendarstellung schreiben, die der Arbeitgeber in die Personalakte nehmen muss. In der Gegendarstellung kann der Mitarbeiter seine Sicht der Dinge mitteilen, den Sachverhalt richtigstellen und Entschuldigungsgründe darlegen.

Der Mitarbeiter kann aber auch im Rahmen einer Klage vor dem Arbeitsgericht gegen die Abmahnung vorgehen. Das Ziel einer solchen Klage ist dann die Entfernung der Abmahnung aus der Personalakte. Hier sollten Mitarbeiter allerdings abwägen, ob sie so das Arbeitsverhältnis nicht noch stärker belasten. Weiter kann sich der Abgemahnte auch beim Betriebsrat beschweren, weil er sich ungerechtfertigt behandelt fühlt.

In der Praxis wird eine Abmahnung meist als Vorstufe zu einer sich ankündigenden außerordentlichen verhaltensbedingten Kündigung gesehen. Der Arbeitgeber »plant« sozusagen den Ausspruch der fristlosen Kündigung und bereitet sie vor. Das muss nicht immer der Fall sein, passiert aber sehr häufig.

Ist die Abmahnung als Ankündigung für eine fristlose Kündigung zu sehen, sollte der Mitarbeiter gegen die Abmahnung nichts unternehmen, sondern diese erst in einem nachfolgenden Kündigungsschutzverfahren vor Gericht angreifen.

Überprüfen sollten Mitarbeiter auch, ob die Abmahnung rechtens ist. Denn es passiert nicht selten, dass ein Arbeitgeber eine Abmahnung ausspricht, die aber unwirksam ist. Die Abmahnung sollte (muss aber nicht) schriftlich erfolgen und absolut klar benennen, welches Fehlverhalten des Mitarbeiters vorliegt. Sie muss zeitnah (darf also nicht erst Wochen später erfolgen) und von einer berechtigten Person (Geschäftsführer, Abteilungsleiter, Stellvertreter etc.) ausgesprochen bzw. unterzeichnet werden. Und sie muss den Mitarbeiter erreichen. Bestreitet der nämlich den Erhalt der Abmahnung, hat der Arbeitgeber in einem möglichen Kündigungsschutzprozess ein Problem, wenn er den Zugang nicht nachweisen kann.

Wichtig: Einige Tarifverträge sehen vor, dass ein Mitarbeiter vor der Abmahnung zum Vorfall angehört werden muss.

Ab wann dürfen Arbeitgeber fristlos kündigen?

Fristlose (außerordentliche) Kündigungen sind für Mitarbeiter finanziell verheerend, weil der Arbeitgeber das Arbeitsverhältnis »von heute auf morgen« beendet, die Lohnzahlung einstellt und die Agentur für Arbeit meist eine dreimonatige Sperre beim Arbeitslosengeld verhängt.

Sie sind möglich, wenn dem Arbeitgeber eine Fortsetzung des Arbeitsverhältnisses bis zum Ablauf der regulären Kündigungsfrist nicht mehr zuzumuten ist. In der Regel müssen Arbeitgeber vor einer fristlosen Kündigung Mitarbeiter zunächst abmahnen. Es sei denn, die Pflichtverletzung war schwerwiegend oder eine Abmahnung wäre von vornherein nicht erfolgversprechend.

Wichtig: Die fristlose Kündigung muss innerhalb von zwei Wochen nach dem Bekanntwerden der Pflichtverletzung des Mitarbeiters erfolgen.

Ist das Vertrauensverhältnis zwischen Arbeitgeber und Mitarbeiter nachhaltig zerstört, ist eine fristlose Kündigung – auch ohne vorherige Abmahnung – möglich. Das ist zum Beispiel der Fall, wenn ein Mitarbeiter gegen das Wettbewerbsverbot verstößt und parallel heimlich für die Konkurrenz arbeitet. Eine fristlose Kündigung ist auch bei vorsätzlichem Spesen- oder Stempelbetrug, wiederholtem und schwerwiegendem Missbrauch von Vertretungsvollmachten und grobem Verstoß gegen Verschwiegenheitspflichten möglich.

Häufige Unpünktlichkeit trotz mehrfacher Abmahnungen, Surfen im Internet trotz Verbot und unerlaubte Privattelefonate haben unter Umständen ebenso wie die Selbstbeurlaubung (ein Mitarbeiter geht ohne einen vom Arbeitgeber genehmigten Urlaub eigenmächtig in den Urlaub) die fristlose Kündigung zur Folge. Und auch ausländerfeindliche Äußerungen oder Prügeleien im Unternehmen oder sexuelle Belästigungen können eine fristlose Kündigung nach sich ziehen. Hier kann alleine der Verdacht ausreichen.

Wichtig: Reichen die vorgebrachten Vorwürfe vor Gericht nicht aus, können Richter die fristlose in eine ordentliche, verhaltensbedingte Kündigung »umdeuten«.

Haben Mitarbeiter auch über das Vertragsende hinaus Pflichten zu erfüllen?

Endet ein Arbeitsverhältnis, erlöschen nicht automatisch alle Verpflichtungen. Der Arbeitgeber muss nach Vertragsende für den Mitarbeiter zum Beispiel bestimmte Unterlagen aufbewahren. Haben auch Mitarbeiter Pflichten über das Job-Ende hinaus?

Für allgemeine Personalunterlagen gelten in der Regel tariflich festgelegte Ausschlussfristen oder – wenn diese nicht vorhanden sind – gesetzliche Verjährungsfristen. Unterlagen über die Vergütung beispielsweise haben Verwahrungsfristen von meist sechs bis zehn Jahren.

Der Mitarbeiter muss nach Beendigung des Arbeitsverhältnisses alle Arbeitsmittel zurückgeben. Dazu zählen Werkzeuge wie beispielsweise Computer, Geschäftsunterlagen und natürlich Dienstwagen inklusive der Tankkarte. Geben Mitarbeiter diese Dinge nicht zurück, haben Arbeitgeber ein Recht auf Schadenersatz.

Wichtig: Von besonderer Bedeutung sind die nachvertragliche Verschwiegenheitspflicht und das Wettbewerbsverbot.

Die nachvertragliche Verschwiegenheitspflicht beginnt bereits mit Antritt des Arbeitsverhältnisses und gilt nach dessen Beendigung weiter. In einem bestimmten Rahmen ist das sogar unabhängig davon, ob die Verschwiegenheitspflicht schriftlich fixiert wurde oder nicht.

Deshalb sind Geschäfts- und Betriebsgeheimnisse in jedem Fall tabu. Ebenso dürfen Mitarbeiter Kenntnisse über ihre Exunternehmen nicht unredlich verwenden, keine unerlaubten Wettbewerbshandlungen vornehmen oder dem ehemaligen Arbeitgeber gar vorsätzlich Schaden zufügen. Hierzu zählen die Verwendung von alten Kundendatenbanken zur Abwerbung oder das heimliche Sammeln von Unterlagen und deren spätere Weiterverwendung.

Im Gegensatz zur Verschwiegenheitspflicht gilt ein nachvertragliches Wettbewerbsverbot nicht automatisch und auch nur maximal 24 Monate. Es muss zuvor wirksam vereinbart worden sein. Zwischen der

»verbotenen« Tätigkeit und dem bisherigen Job muss ein konkreter Bezug liegen. Außerdem darf das berufliche Vorankommen nicht erschwert werden.

Ist ein Mitarbeiter für den neuen Job »gesperrt«, muss der alte Arbeitgeber eine finanzielle Entschädigung zahlen – die sogenannte Karenzentschädigung. Der Arbeitgeber muss das Wettbewerbsverbot mit dem Mitarbeiter schriftlich vereinbaren – meist passiert dies im Arbeitsvertrag.

Wichtig: Ist das Wettbewerbsverbot nicht schriftlich fixiert oder ist keine Karenzentschädigung vereinbart, ist das Wettbewerbsverbot nichtig.

Arbeitgeber können auch auf das Wettbewerbsverbot verzichten. Das ist meist dann der Fall, wenn sie die Kündigung des Mitarbeiters planen und die Zahlung der Karenzentschädigung begrenzen wollen. Eine Insolvenz kann ebenfalls zur Aufhebung führen, falls der Betrieb nicht fortgeführt wird. Ansonsten hat der Insolvenzverwalter ein Wahlrecht.

Nur im Falle einer angemessenen Entschädigungszahlung kann der Arbeitgeber also eine Konkurrenztätigkeit des Mitarbeiters verhindern. Dabei muss die Entschädigung mindestens die Hälfte der zuletzt gezahlten Brutto-Vergütung pro Jahr erreichen.

Dürfen Arbeitgeber Mitarbeiter freistellen?

Wird ein Mitarbeiter mit sofortiger Wirkung freigestellt, hat das für ihn Vor- und Nachteile. Häufig denken Dritte dann, dass dieser Mitarbeiter etwas angestellt hat. Allerdings wird die Freistellung in der Praxis gern angewandt – von Beschäftigten und Arbeitgebern.

Generell haben Mitarbeiter einen Anspruch auf Beschäftigung – dieser Anspruch ergibt sich aus dem Arbeitsvertrag. Daher ist Arbeitgebern nur in wenigen Fällen erlaubt, Mitarbeiter freizustellen. Ferner muss dieser Schritt immer vertraglich geregelt werden. In der Praxis wird mit dem Mitarbeiter meist ein Aufhebungsvertrag geschlossen, der die Freistellung für die Restlaufzeit (Kündigungsfrist) seines Arbeitsverhältnisses beinhaltet.

Sinnvoll ist dieser Schritt, wenn sowohl Arbeitgeber als auch Mitarbeiter kein Interesse mehr haben, die Beschäftigung fortzuführen. Viele Beschäftigte wünschen sich in solchen Fällen sogar die sofortige Freistellung. Einerseits müssen sie so nicht mehr bis zum Schluss ausharren. Andererseits haben sie die Möglichkeit, sich in Ruhe auf die Suche nach einem neuen Job zu machen.

Wichtig: Wer mit einer Freistellung von der Erbringung seiner Arbeitsleistung entbunden wird, kann vor dem zuständigen Arbeitsgericht sofort eine Klage auf eine vertragsgemäße Beschäftigung erheben und, sofern die Voraussetzungen vorliegen, auch einen Antrag auf Erlass einer einstweiligen Verfügung stellen. So übt der Mitarbeiter einen maximalen Gegendruck auf seinen Arbeitgeber aus.

Nicht immer ist es notwendig oder verhältnismäßig, seinem Arbeitgeber mit der Keule eines Klageverfahrens oder einer einstweiligen Verfügung zu kommen. Manchmal reicht ein simples außergerichtliches Anwaltsschreiben mit dem Verweis auf die Beschäftigungspflicht aus und der Arbeitgeber wird reagieren.

Dürfen Arbeitgeber lange Kündigungsfristen festsetzen?

Arbeitgeber möchten gute Mitarbeiter so lange wie möglich im Unternehmen halten. Denn die Suche nach geeigneten Arbeitnehmern gestaltet sich immer schwieriger. Dürfen Arbeitgeber daher lange Kündigungsfristen festsetzen?

Ja, wie ein Fall zeigt, der vor dem Arbeitsgericht Heilbronn verhandelt wurde (Az.: 5 Ca 307/11): Ein Beschäftigter war in leitender Position im Einzelhandel tätig. Als er seinen Job antrat, vereinbarte er mit seinem Arbeitgeber im Arbeitsvertrag eine Kündigungsfrist von 18 Monaten. Als er den Job zeitnah wechseln wollte und nicht konnte, kam es zwischen ihm und seinem Arbeitgeber zum Streit. Der Mitarbeiter zog vor Gericht und verlor den Prozess. Denn diese Kündigungsfrist war noch verhältnismäßig.

Wichtig: Wer eine lange Kündigungsfrist vereinbart, muss sich daranhalten. Das gilt allerdings auch in die andere Richtung. Will sich ein Arbeitgeber also zeitnah von einem Mitarbeiter trennen, ist das ebenfalls nicht möglich, sondern nur unter Einhaltung der Frist. Oder aber man verhandelt dann über eine vorzeitige Beendigung mit Zahlung einer entsprechenden Abfindung.

7. Kapitel

Der Jobwechsel & die Bewerbung

Wie viele persönliche Dinge müssen Mitarbeiter beim Bewerbungsgespräch preisgeben?

Laden Arbeitgeber potenzielle Mitarbeiter zum Vorstellungsgespräch ein, möchten sie über sie so viel wie möglich erfahren. Die gestellten Fragen müssen aber Grenzen haben, denn Arbeitgeber müssen die Persönlichkeitsrechte der Bewerber wahren.

Verboten sind daher Fragen nach dem Alter, der Familienplanung, den Rauchgewohnheiten, der sexuellen Orientierung, einer Gewerkschaftszugehörigkeit, einem geleisteten Wehr- oder Zivildienst oder einer Schwangerschaft. Letzteres gilt sogar dann, wenn die Stelle befristet ist und der Geburtstermin innerhalb der Befristung liegt.

Und auch Fragen nach einer Partei- und Religionszugehörigkeit oder nach politischen Ansichten sind verboten, es sei denn, der potenzielle Mitarbeiter bewirbt sich bei einem sogenannten Tendenzbetrieb wie einer kirchlichen Einrichtung oder einer Partei. In diesem Fall können Fragen dazu erlaubt sein – nämlich dann, wenn es für die zu erledigende Aufgabe relevant ist. Ein Mitarbeiter, der lediglich als Bürokraft eingestellt werden soll, muss solche Fragen nicht beantworten. Eine Führungskraft, die den Arbeitgeber nach außen vertritt, jedoch schon.

Fragen nach einer Schwerbehinderung, dem Gesundheitszustand oder der körperlichen Konstitution sind nur zulässig, wenn ein direkter Zusammenhang mit dem Arbeitsplatz besteht. Die Frage nach einer ansteckenden Krankheit etwa ist erlaubt, wenn die künftige Tätigkeit ein Ansteckungsrisiko mit sich bringt. Das ist beispielsweise bei bestimmten Berufen im Gesundheitswesen der Fall.

Ebenfalls bedingt möglich sind Fragen nach der Arbeitserlaubnis für ausländische Arbeitnehmer. Die sind nur erlaubt, wenn es sich bei dem Bewerber um einen Nicht-EU-Bürger handelt. Fragt ein Arbeitgeber nach weiteren Beschäftigungsverhältnissen, müssen Bewerber das wahrheitsgemäß beantworten. Denn ein oder mehrere Nebenjobs können die Leistungsfähigkeit des Mitarbeiters einschränken.

Grundsätzlich erlaubt sind Fragen zu Qualifikation sowie Wettbewerbsverboten. Letzteres wird von Arbeitgebern häufig vertraglich vereinbart, wenn sie vermeiden möchten, dass ein Mitarbeiter beim direkten Konkurrenten anfangen möchte. In solchen Fällen sollen in der Regel sensible Daten wie Preise oder Kundeninformationen geschützt werden. Fragen nach Vorstrafen oder laufenden Ermittlungsverfahren sind nur möglich, wenn es sich bei der Stelle um ein besonders vertrauensvolles Arbeitsverhältnis handelt. Das ist zum Beispiel der Fall, wenn ein Finanzexperte eingestellt werden soll. Dann sind sogar Fragen nach den Vermögensverhältnissen zulässig.

Beantworten Bewerber nicht zulässige Fragen falsch oder verweigern sie die Antwort, darf ihnen daraus kein Nachteil entstehen. Unwahrheiten bei berechtigten Fragen hingegen können Mitarbeiter auch später noch den Job kosten. Erfährt ein Arbeitgeber davon, hat er das Recht zu kündigen. Allerdings hat er dafür nicht unbegrenzt Zeit, sondern muss die Kündigung spätestens ein Jahr nach Kenntnis aussprechen.

Muss der »neue« Arbeitgeber die Reisekosten zum Vorstellungsgespräch zahlen?

Immer mehr Mitarbeiter sind bereit, für einen Arbeitsplatz ihren Wohnort zu wechseln. Doch vor dem Umzug steht das Einstellungsgespräch am neuen Arbeitsplatz, der mitunter mehrere hundert Kilometer vom Wohnort entfernt sein kann. Was viele nicht wissen: Zumindest finanziell stellt das Gespräch in der Regel keine Hürde für den Bewerber dar.

Denn immer dann, wenn ein Arbeitgeber zum Vorstellungsgespräch einlädt, muss er auch die Kosten, die bei diesem Gespräch entstehen, tragen. Mit der Einladung verpflichtet sich der Arbeitgeber, die Reisekosten zu zahlen – unabhängig davon, ob am Ende ein Arbeitsverhältnis zustande kommt oder nicht.

Wichtig: Ist der Bewerber arbeitslos, ersetzt das Arbeitsamt unter bestimmten Voraussetzungen die Reisekosten ganz oder zum Teil. Es empfiehlt sich jedoch, vor Antritt der Reise diese Frage zu klären.

Manchmal lädt nicht direkt der potenzielle Arbeitgeber zum Bewerbungsgespräch ein, sondern ein Personal- oder Unternehmensberater. Auch hier besteht ein Erstattungsanspruch. Nur wenn sich der Bewerber unaufgefordert vorstellt, entfällt dieser Anspruch. In seltenen Fällen kann der Arbeitgeber die Erstattung der Reisekosten vorab ausdrücklich ausschließen.

Auch wenn Vorstellungskosten grundsätzlich übernommen werden, bleibt immer die Frage nach der maximalen Erstattungshöhe. Den Bewerber bringt das unter Umständen in einen Gewissenskonflikt: Darf er übernachten? Muss er mit der Bahn vorliebnehmen oder darf er fliegen?

Maßstab hierfür ist nach der Rechtsprechung, welche Aufwendungen ein »vernünftiger« Mensch für erforderlich hält. Danach sind die Kosten für Fahrt, Übernachtung und Verpflegung – im Regelfall auf Vorlage der Originalbelege – erstattungsfähig. Bei der An- und Abreise gilt: Wer den eigenen Pkw, die Bahn oder andere öffentliche Verkehrsmittel nimmt, bekommt sein Geld zurück. Flugkosten werden in der Regel jedoch nur bei vorheriger Zusage übernommen. Liegt das Vorstellungsgespräch zeitlich so, dass die Anreise am Vortag erfolgen muss, so zahlt der Arbeitgeber auch die Übernachtung. Bei der Wahl der Zimmerkategorie sollten die Kosten jedoch in einem angemessenen Verhältnis zu der ausgeschriebenen Stelle stehen. Maßvolles Verhalten in dieser Frage verbessert mit Sicherheit die Chancen auf den gewünschten Job, denn welcher Arbeitgeber stellt schon gern Verschwender ein?

Tipp: Alle Ansprüche verjähren innerhalb von drei Jahren. Generell ist für Bewerbungsgespräche außerhalb des Wohnortes eine Vorab-Übereinkunft über die Kostenerstattung ratsam. Dies beugt Streitigkeiten vor und kommt gut an.

Darf der neue Arbeitgeber beim alten anrufen?

Weil Bewerbungsunterlagen nicht fälschungssicher sind und Zeugnisse zu wohlwollend formuliert sein können, gehen viele Arbeitgeber bei Bewerbern gern auf Nummer sicher und rufen beim alten Arbeitgeber an. Doch darf der alte Arbeitgeber überhaupt antworten?

Es gibt keine eindeutige gesetzliche Regelung. Dennoch sind Unternehmen gut beraten, die Persönlichkeitsrechte ihrer (Ex-)Mitarbeiter sowie die datenschutzrechtlichen Bestimmungen zu beachten.

Daher sind Fragen nach der Arbeitsleistung, der Qualifikation sowie dem Verhalten möglich. Nicht erlaubt sind Fragen nach dem Inhalt des ehemaligen Arbeitsvertrages sowie die Weitergabe der Personalakte.

Wichtig: Erhält der Bewerber den Job nicht, weil der alte Arbeitgeber falsche Informationen weitergibt, kann er den alten Arbeitgeber unter Umständen zu Schadenersatz verdonnern. Jedoch muss der Bewerber beweisen können, dass diese Informationen zur Absage geführt haben – was in der Praxis oft schwierig ist. Gleiches gilt übrigens, wenn der alte Arbeitgeber unzulässige Informationen weitergibt.

Können Arbeitgeber den Zeugniswunsch eines Mitarbeiters verweigern?

Wer bei einer Bewerbung kein Arbeitszeugnis vorlegen kann, hat meist schlechte Karten, den Job zu bekommen. Dabei hat jeder Mitarbeiter einen Anspruch auf ein qualifiziertes Endzeugnis, wenn sein Arbeitsverhältnis endet (§ 109 Gewerbeordnung). Das heißt, Arbeitgeber dürfen den Zeugniswunsch eines Mitarbeiters nicht ablehnen.

Damit der weitere berufliche Weg nicht erschwert wird, sollte das Arbeitszeugnis den Arbeitnehmer in ein gutes Licht stellen. Mindestens aber muss ein Zeugnis Angaben zu Art und Dauer der Tätigkeit enthalten.

Wichtig: Arbeitnehmer können verlangen, dass sich das Arbeitszeugnis auch auf Leistung und Verhalten im Arbeitsverhältnis erstreckt.

Zur Leistungsbewertung gehören Informationen zu seiner Motivation (Leistungsbereitschaft), seiner Auffassungsgabe sowie seiner physischen und psychischen Belastbarkeit (Arbeitsbefähigung), seiner Sorgfalt und Zuverlässigkeit (Arbeitsweise) sowie seiner Zielerreichung und zum Umsatz (Arbeitserfolg).

Die wichtigste Aussage in einem Zeugnis ist jedoch die Gesamtbeurteilung. Das heißt, ob der Mitarbeiter »stets zu unserer vollsten Zufriedenheit« (sehr gut), »stets zu unserer vollen Zufriedenheit« (gut), »zu unserer vollen Zufriedenheit« (befriedigend), »zu unserer Zufriedenheit« (ausreichend), »im Großen und Ganzen zu unserer Zufriedenheit erledigt« (mangelhaft) oder »bemühte sich, die ihm übertragenen Aufgaben zu unserer Zufriedenheit zu erledigen« (ungenügend) seine Leistung erbrachte.

Was tun, wenn der Arbeitgeber im Arbeitszeugnis lügt?

Im Regelfall soll das Zeugnis den Mitarbeiter positiv darstellen, um nicht den weiteren beruflichen Weg zu erschweren. Es soll ein Gesamtbild von seiner Persönlichkeit vermitteln. Was aber, wenn ein Arbeitgeber im Arbeitszeugnis lügt?

Enthält ein Arbeitszeugnis Unwahrheiten, sind Arbeitgeber dazu verpflichtet, es zu korrigieren. Ein Arbeitszeugnis muss nämlich grundsätzlich der Wahrheit entsprechen sowie wohlwollend sein. Das heißt, sowohl die Tätigkeiten und Leistungen als auch das Sozialverhalten müssen korrekt beschrieben sein. Ist das nicht der Fall, können Mitarbeiter vom Arbeitgeber eine Berichtigung des Zeugnisses fordern.

Wichtig: Arbeitgeber sind gesetzlich verpflichtet, fehlerhafte Arbeitszeugnisse zu berichtigen.

Am besten ist, wenn Mitarbeiter ihrem Arbeitgeber konkret sagen, an welchen Stellen ihr Arbeitszeugnis fehlerhaft ist und wie sie sich die Zeugnisänderungen tatsächlich vorstellen. Weigert der sich nach wie vor, das Zeugnis zu berichtigen, haben Mitarbeiter die Möglichkeit, ihrem Wunsch mit einem anwaltlichen Schreiben Ausdruck zu verleihen.

Tipp: Viele Arbeitgeber sind nach einem Anwalts-schreiben bereit zur Zeugnisberichtigung. Solch ein Schreiben kündigt dem Arbeitgeber nämlich an, dass er im Zweifelsfall mit einem unliebsamen Zeugnis-rechtsstreit zu rechnen hat.

Bleibt ein Arbeitgeber weiterhin stur, wird dem Mit-arbeiter nur der Gang zum Arbeitsgericht weiterhelfen. Dort muss er eine sogenannte Zeugnisberichtigungs-klage erheben. Spätestens dann muss sich der Arbeit-geber der Auseinandersetzung stellen.

Hat ein Mitarbeiter eine durchschnittliche Bewer-tung seiner Leistung erhalten, ist damit aber nicht einverstanden, so muss er darlegen und beweisen, wa-rum er eine bessere Beurteilung einfordert. Und weil dieser Nachweis recht schwer zu führen ist, scheitern genau daran viele Mitarbeiter vor Gericht.

Tipp: Mitarbeiter sollten sich, wenn es gut läuft, ein Zwischenzeugnis ausstellen lassen. Ein solches kann später rechtlich weiterhelfen.

Dürfen Arbeitgeber ihren Mitarbeitern ein Zwischenzeugnis verweigern?

Wer sich auf eine neue Stelle bewerben möchte oder in eine andere Abteilung versetzt werden soll, für ein neues Projekt abgezogen wird oder wenn wesentliche Änderungen des Aufgabengebiets anstehen, sollten Mitarbeiter sich von ihrem Arbeitgeber ein Zwischenzeugnis ausstellen lassen. Sind Arbeitgeber dazu aber überhaupt verpflichtet? Oder können sie ihren Mitarbeitern diesen Wunsch abschlagen?

Ein Zwischenzeugnis zu erstellen, bedeutet für Arbeitgeber einen Aufwand. Sie müssen beim Dokumentieren der Tätigkeiten sorgfältig vorgehen sowie eine persönliche Beurteilung erstellen. Dennoch sind sie bei triftigen Gründen verpflichtet, ihren Mitarbeitern auf Wunsch ein Zwischenzeugnis auszustellen – obwohl es keine gesetzliche Regelung gibt.

So haben in der Vergangenheit Arbeitsgerichte Arbeitgeber zum Zwischenzeugnis verpflichtet, wenn ein Vorgesetztenwechsel stattfand. Dann dient das Zwischenzeugnis dazu, die Leistung vor dem Chefwechsel zu dokumentieren. Das ist übrigens auch der Fall, wenn eine Versetzung in eine andere Abteilung erfolgt. Diese Pflicht besteht auch, wenn ein Mitarbeiter eine Weiterbildung machen möchte und der Fortbildungsveranstalter bei der Anmeldung ein Zeugnis fordert.

Nimmt ein Mitarbeiter eine längere Auszeit (zum Beispiel Sabbatical oder Elternzeit), ist es ratsam, ebenfalls ein Zwischenzeugnis zu verlangen. Arbeitgeber müssen diesem Wunsch auch nachkommen, da vor der Auszeit nicht abzusehen ist, ob der Vorgesetzte nach der Rückkehr noch für den Mitarbeiter zuständig ist. Und ist ein Mitarbeiter auf Arbeitsplatzsuche, muss er seine bisherige Leistung in irgendeiner Form belegen. Auch dafür müssen Arbeitgeber ein Zwischenzeugnis ausstellen.

Tipp: Vorteilhaft an einem Zwischenzeugnis ist, dass ein späteres Arbeitszeugnis nicht völlig davon abweichen kann.

Welche Arbeitspapiere stehen Arbeitnehmern bei einem Jobwechsel zu?

Endet ein Arbeitsverhältnis, bekommt der Arbeitnehmer vom Arbeitgeber »seine Papiere« ausgehändigt. Doch auf welche Arbeitspapiere hat er Anspruch?

Verlässt ein Mitarbeiter ein Unternehmen, stehen ihm seine Arbeitspapiere zu. Zu den Arbeitspapieren zählen die Arbeits- und Urlaubsbescheinigung, Arbeitserlaubnis, Krankenkassen- und Lohnsteuerbescheinigung, Lohnsteuerkarte, Sozialversicherungsausweis, das Arbeitsendzeugnis, gegebenenfalls eine Vorausbescheinigung über das Arbeitsentgelt sowie bei Minderjährigen die Gesundheitsbescheinigung. Nicht aushändigen müssen Arbeitgeber die Bewerbungsunterlagen.

Herausgegeben werden müssen die Papiere erst

zum tatsächlichen Zeitpunkt der Beendigung des Arbeitsverhältnisses. Ein früheres Aushändigen aufgrund einer Freistellung oder eines Urlaubs muss nicht erfolgen.

Wichtig: Die Übergabe der Arbeitspapiere ist eine Holschuld des Mitarbeiters. Erhält er seine Papiere nicht ordnungsgemäß ausgefüllt oder nicht rechtzeitig, so hat er unter Umständen einen Schadenersatzanspruch.

Dürfen Arbeitgeber in Bewerbungsgesprächen nach Tattoos und Piercings fragen?

Tattoos und Piercings sind zwar Privatsache, in Bereichen, in denen ein ordentliches Erscheinungsbild gefordert ist, steht das Persönlichkeitsrecht aber hinten an.

Das heißt, wer sich auf eine Stelle bewirbt, die mit Kundenkontakt zu tun hat, muss sich die Frage gefallen lassen. Wer sich beispielsweise mit einem langärmeligen Oberteil bewirbt und den oder die Unterarme tätowiert hat, wird bei heißen Temperaturen Probleme bekommen.

Wichtig: Arbeitgeber dürfen in Bewerbungsgesprächen abfragen, ob an sichtbaren Stellen Piercings oder Tat-

toos sind. Die Frage nach nicht sichtbaren Stellen hin-
gegen ist verboten. Das heißt, der Bewerber darf hier
lügen.

Dürfen Arbeitgeber nur Frauen einstellen?

Sucht ein Unternehmen in einer Stellenanzeige nur nach weiblichen Arbeitnehmern, ist die Stellenausschreibung nicht AGG-konform. Das heißt, ein Verstoß gegen das Gleichstellungsgesetz ist offenbar – und das kann sehr teuer werden.

Daher verzichten immer mehr Arbeitgeber bei ihren Stellenausschreibungen auf Merkmale wie Geschlecht, Religion, körperliche Leistungsfähigkeiten, Nationalität, Altersgrenzen usw. Denn nur so sind Unternehmen auf der sicheren Seite. Auch der Wunsch nach einem Lichtbild wird immer seltener von Arbeitgebern eingefordert. Denn auch ein Foto gibt Auskunft über Alter, Nationalität und Geschlecht. Und weil ein abgelehnter Bewerber genau das gegen den Arbeitgeber als Ablehnungsgrund verwenden könnte, verzichten immer mehr Unternehmen darauf.

Aufpassen sollten Unternehmen auch bei indirekten Benachteiligungen. Wer einen »jungen« Bewerber, einen »Muttersprachler« oder einen »körperlich belastbaren« Bewerber sucht, grenzt ebenfalls eine große Gruppe von Bewerbern aus.

Ein Urteil des Arbeitsgericht Stuttgart (Az.: 29 Ca 2793/07) zeigt, dass abgelehnte Bewerber durchaus Erfolg mit einer Entschädigungsklage haben können. Ein Unternehmen schaltete folgende Anzeige: »Wir suchen erfolgsorientierte, branchenkundige Außendienst-Verkäufer für den Großraum Offenburg – Freiburg – Lörrach. Sie verfügen bereits über Kontakte zu unseren Kunden und sind ein Verkaufsprofi mit Leib und Seele. ... Idealerweise sind Sie nicht älter als 45 Jahre.«

Eine abgelehnte Bewerberin klagte gegen diese geschlechtsbezogene Stellenanzeige und bekam Recht. Das Arbeitsgericht sprach der Klägerin knapp 2000 Euro als Entschädigung zu.

Sucht ein Unternehmen also ausschließlich nach Männern, ist das eine unzulässige Diskriminierung von Frauen. Die Folge: Frauen können nach § 15 AGG eine Entschädigung verlangen.

Wichtig: Arbeitgeber dürfen ihre Suche nur auf Frauen beschränken, wenn das Geschlecht eine wesentliche und entscheidende Anforderung für die Tätigkeit darstellt (§ 8 AGG).

Ein Fall, der bis zum Bundesarbeitsgericht ging (Az.: 8 AZR 77/09), zeigt, in welchen Fällen eine Suche nach nur einem Geschlecht möglich ist. Im vorliegenden Fall wurde eine kommunale Gleichstellungsbeauftragte gesucht. Ihre Aufgabe sollte es sein, Frauen in Problemfragen zu beraten. Und weil der Arbeitgeber davon überzeugt war, dass betroffene Frauen sich bei einer weiblichen Gleichstellungsbeauftragten wohler fühlten, suchte er nach einer weiblichen Gleichstellungsbeauftragten.

Ein männlicher Bewerber fühlte sich diskriminiert und forderte aufgrund seiner Bewerbungsabsage eine Entschädigungszahlung. Er zog vor Gericht und verlor. Für das Bundesarbeitsgericht stand hier die vorgegebene spezielle Anforderung der Position im Vordergrund.

Wichtig: Trotz dieser Entscheidung können und sollten Unternehmen nicht davon ausgehen, dass bei Positionen, die auf Frauen oder Männer zugeschnittene Tätigkeiten vorweisen, Männer oder Frauen bei der Besetzung ausgeschlossen sind. Das heißt, Tätigkeiten, die sowohl von Männern als auch Frauen erfüllt werden können, können auch von beiden Geschlechtern ausgeführt werden. Bestehen also keine geschlechtsspezifischen Voraussetzungen, müssen beide Geschlechter gesucht werden.